Ruth & Nohemi—
El Viaje de Sanidad

Debbye Graafsma, mcc, bcpc

Descubrimiento de vida interior, la Recuperación y el Desarrollo
Libro Estudio

Awakened!!
Awakened to Grow
Counsel. Classes. Retreats
awakenedtogrow.com

Este libro de trabajo es un resumen para acompañar sesiones de video 1-12, disponible a través de awakenedtogrow.com

Ruth y Nohemí – El Viaje de Sanidad
ISBN -- 978-0-9852680-2-2
Primera edición fecha de publicación: February, 2013

© 2005. *Awakened to Grow Ministries/Debbye Graafsma. Todos los materiales contenidos en este cuaderno son creación y propiedad del autor. La Reproducción de cualquier forma es prohibida sin el consentimiento escrito expresado por el autor. Gracias por su integridad. Al mometo de impresión, todo el trabajo de arte contenido aquí es libre de derechos de autor.*

Ruth y Nohemí - El Viaje de Sanidad
Libro diario individual

Escrito por
Rev. Debbye Graafsma, mcc, bcpc

Traducido por
Iliana Black

Ruth y Nohemí - El Viaje de Sanidad

Este libro está diseñado para acompañar sesiones de enseñanza grabados; disponible a través de nuestra dirección de ministerio, o en línea en awakenedtogrow.com.

Tabla de contenidos

Bienvenida e Introducción --- 7

Cuaderno de tareas personales -- 16

Sesión Uno – La Orientación -- 17

Sesión Dos- El Padre Perfecto -- 37

Sesión Tres - El Dolor y sus Ciclos -- 49

Sesión Cuatro - Engaños y mentiras --- 63

Sesión Cinco – Todo anudado -- 77

Sesión Seis - La verdad y el problema de la negación----------------------- 91

Sesión Siete - Como la vergüenza se convierte en un patrón para la vida --- 109

Sesión Ocho - La composición de una princesa ------------------------------ 123

Sesión Nueve - La formación de la personalidad ---------------------------- 138

Sesión Diez - Los patrones de Comunidad Segura ---------------------------- 154

Sesión Once: Evaluación de Desarrollo Emocional --------------------------- 167

Sesión Doce - Formación de la identidad ----------------------------------- 175

Ruth & Nohemí – El Viaje de Sanidad

Saludos, Querido Nuevo Miembro del Ministerio!!

Si ud está leyendo ésta sesión, ud probablemente ya ha firmado para la Asociación de Ruth & Nohemí, o está considerando ser un participante en un grupo que comienza en su área. Si es así, Yo oro por la sabiduría y bendición de Abba Padre sobre Ud, al dar crecer en el amor y gracia de nuestro Señor Jesús.

Ud está dirigido a una Aventura!!

La asociación de Ruth & Nohemí es un programa que nuestro Ministerio de Mujeres ofrece una vez al año en la iglesia, donde mi esposo, Bill, y Yo pastoreamos juntos. Las lecciones en CD, folders y hojas de trabajo son una culminación de mis experiencias como pastor de mujeres en los últimos veinti tantos años. Y, me he dado cuenta que ésto ha sido un poco, una aventura para mí también. Yo nunca pensé que estaría trabajando con mujeres, especialmente considerando este tipo de asuntos.. (Yo siempre pensé que mi campo sería limitado a enseñar piano y liderar adoración!!) ☺

Cuando Bill y Yo primero comenzamos juntos en el ministerio, yo noté que las mujeres que parecían acercarse a mí tenían un común denominador – quebrantamiento. Cuando se trataba de adorar y de enseñabilidad, era bueno … Estas mujeres eran dulces, abiertas, y afectuosas. Pero ninguna podía parecer encontrar la fuerza para dar el paso a roles de liderazgo, y permanecer en esas oficinas a largo plazo, sin desarrollar una clase de aislamiento emocional. Este aislamiento, yo encontré, eventualmente invitaría a un endurecimiento dentro de cada una de ellas a la prescencia de Dios. La vida del Espíritu llegaría a ser algo basado en" hacer " lo correcto – en lugar de" ser" la persona correcta.

Y de alguna manera, ellas se sentían atrapadas, forzadas a continuar la" tarea", muchas veces sin alegría- o la habilidad/ deseo de continuar. Ellas también se sentían vacías emocionalmente.

Entonces, una inhabilidad de expresar, dar, y recibir verdaderamente amor incondicional afloraría también, aunque ciertamente no se había mostrado antes de que a ellas se les diera responsabilidad. Cautela y temor de comunidad, (dentro del cuerpo de Cristo!) comenzó a mostrarse también.

Y, aún cuando yo enseñaba, daba confianza, aconsejaba, animaba, y gastaba mis energías en ayudar a estas mujeres a venir al lugar de consistencia y seguridad, había debajo un quebrantamiento que permanecía, continuamente hablando de fragilidad en las relaciones del día a día. Yo me encontré a mi misma en la necesidad creciente de dar más y más, algunas veces hasta el punto de ser papá y mamá de mujeres que eran mayores que yo. Estas preciosas damas no podían parecer encontrar un indicador para sus eventos diarios de la vida. Ellas necesitaban ayuda en un nivel humano – y yo me encontré tentada de" referirlas a un profesional". Pero el Espíritu Santo se mantenía dando codazos a mi corazón cuando yo oraba –había algo que yo estaba errando en mi carrera de" hacer "el ministerio de mujeres. Y mientras yo le permitía a El bajar mi ritmo, Bill y Yo empezamos finalmente a agarrar lo que significa realmente discipular a otra persona.

La senda hacia el verdadero y duradero discipulado podía ser alcanzada solo a través de rendición y proceso de sanidad.. Más allá… Con los años, nosotros observamos que el problema no era siempre de naturaleza demoníaca. En más de la mitad de éstas damas, los problemas eran emocionales. Eso, dentro de una infra-estructura de desarrollo personal, simplemente no había un cimiento preparado –o estabilidad reservada –para soportar el peso de relaciones y/o tareas a largo plazo. Y, más allá de responsabilidades, la mayoría de éstas mujeres tenían problemas de vulnerabilidad personal y confianza. Muchas aisladas en un estilo de vida ocupada, sin conexión o real comunidad de corazón a corazón –aún dentro de un escenario de iglesia. (Algunas de éstas dirían *"especialmente dentro de un escenario de iglesia!"*)

Esta mujeres solo encontraban la vida difícil.

Como nuestro viaje de ministerio ha continuado, Yo he aprendido que el quebrantamiento inicial en cada vida, muchas veces ha venido de un eslabón perdido en el desarrollo personal de la mujer. El eslabón perdido parece ser el mismo, no importa que arma ha usado el enemigo para traer el quebrantamiento en primer lugar; tanto abuso emocional, descuido, hambre, abandono, violación, abuso sexual, molestia sexual, ambientes alchólico/adictos, divorcio, o cualquier otro número del armamento en el arsenal de Satanás. También estoy aprendiendo que éstas experiencias no es limitada solo a mujeres.

Aquí hay algunas estadísticas para ayudarla a ud a ver como éstas situaciones se han extendido en nuestra cultura.

    a.   55%-70% de cada iglesia en cada grupo étnico en los Estados Unidos consiste en mujeres. Eso significa, más de la mitad de todas las congregaciones es femenina.

    b.   80% de mujeres se sienten inadecuadas en tomar una decisión que afecte sus propias vidas y las vidas de otros en un nivel profundo.

    c.   65% de más de las mujeres tienen alguna forma de disfunción que ellas perciben las ha obtataculizdo en su desarrollo de alguna forma en su destino, percibido o desconocido.

    d.   70% de mujeres tratan con depresión, o química u hormonal, provocado por problemas internos en sus vidas.

    e.   75% o más de las mujeres en la iglesia han experimentado drogas, alcohol, lo oculto, o immoralidad sexual, cicatrices que no han sido tratadas en un nivel profundo.

    f.   3 en 5 de más de las mujeres en la iglesia, han experimentado abuso sexual , abuso físico, o molestia sexual antes de los 15 años . (Nosotros decimos o más"porque esas estadísticas dicen de los casos reportados. La estadística es 1 en 5 para hombres.)

    g.   85% o más de mujeres han escogido protegerse ellas mismas, con mecanismos de defensa , ira guardada y desconfianza hacia figuras de autoridad ; viviendo en temor, basado en culpa y vergüenza – con un sentido de ira adjunta; siendo emocionalmente removidas o dejadas afuera en las situaciones de la vida.

h. 75% o más de mujeres han experimentado una impresión negativa de autoridad masculina o femenina, constituido por descuido, ignorancia, abandono, o abuso. De todos éstos, yo he sabido, han determinado que su abuso marcó algo de su propósito y valor en la vida ..

i. 55% o más de las mujeres han experimentado divorcio, separación o fracaso matrimonial. (Fracaso matrimonial ocurre cuando una pareja continúa viviendo junta sin conexión; sin real amor en el matrimonio.)

j. 63% o más de mujeres han experimentado aborto. De esas mujeres en ese 63%, más de la mitad han experimentado más de un aborto.

Y todavía,

k. 90% de iglesias protestantes y 100% de iglesias católicas colocan hombres en la cima en roles de liderazgo, con poco o no ministerio estructurado en lugar, para ayudar a mujeres a tratar con sus problemas del pasado, reforzando más allá un temor de confiar en la autoridad masculina en muchas mujeres. O, cuando un hombre alcanza ayudar a una mujer con este tipo de quebrantamiento, él se encuentra a sí mismo en un lugar de tentación sexual y emocional.

l. Aproximadamente 45% del liderazgo pastoral en los Estados Unidos apuntan a hombres para el ministerio, y abajo juegan las necesidades de las mujeres en la congregación, como subordinadas, menos importantes, o peor, "hormonales." La conclusión dentro de muchas mujeres es que ellas deben aprender a vivir con el dolor que ellas sienten. Aún mujeres cristianas llegan a pensar que el mundo es un " mundo de hombres" (muy a menudo, el único ministerio disponible para mujeres en la iglesias es visto en áreas donde a ellas se les permite servir, con nada específico para tratar sus problemas personales.)

m. En los últimos quince años ha habido un 60% de decadencia en la asistencia de la iglesia en mujeres que regularmente iban ..

n. 40% o más de las mujeres Cristianas Protestantes comunican que ellas se sienten inadecuadas para ser mentoras o discipular a otras mujeres; a ellas les falta la confianza, que si compartieran, ayudarían realmente a alguien –porque ellas son inseguras han aprendido a hacer las cosas correctas. y, más allá de eso en muchas vidas "haciendo lo correcto," ha reemplazado el" llegar a ser la persona correcta,"en sus experiencias. Estas mujeres luchan con vacío en su entendimiento espiritual –yendo "a través de movimientos" sin real gozo o sustancia de Vida; sin un real crecimiento en la relación con Jesucristo.

Qué es el eslabón perdido? En un nivel espiritual, es la ausencia de poder espiritual real y transformador en nuestro ambiente en la iglesia . En un nivel humano, es la habilidad de vincularse verdaderamente *con otro ser humano, la habilidad de dar el corazón de uno a otra persona, sin reserva* –sin temor; sin esperar que" el otro zapato se caiga," o " mantener sus opciones abiertas, por si acaso." Y , la necesidad de ser mentor y lo que yo he venido a llamar " Brecha de Padres,"es aún mayor. Es una profunda necesidad de la comunidad del Creador por relacionarse; por discipularse; por una Amistad incondicional.

Algunas veces,la habilidad de vincularse ha estado presente en la niñez, pero ha sido rota por un trauma.Algunas veces, y tristemente, lo que yo he encontrado ser más común para comenzar, el vínculo nunca estuvo presente . Considere estas anécdotas personales, de mujeres con las que he trabajado a través de los años –

- Ella fué una niña sin atención, levantada en un lugar Cristiano, por padres trabajadores, que nunca estaban emocionalmente disponibles. Ella no podía recordar un tiempo donde se sintiera conectada, aún cuando siempre había ido a la iglesia.Todavía ahora, ella tiene pocos amigos, aunque trata de ser una buena persona. Ella encuentra dífícil confiar en otra mujer con los problemas cercanos a su corazón.

- Ella no se había dado cuenta hasta que ella estuvo en el programa; y no hubiera pensado que había brechas en su desarrollo emocional. Ella había manejado a través de los duros años de rechazo en el colegio, y los debiluchos años sin saber que hacer cuando los niños se burlaban de ella . Pero ahora, ella no puede parecer aún el forzarse a sí misma a llegar ser parte de un grupo, sin estar al control de su dirección de alguna forma.

- Su padre estaba mentalmente enfermo, y su madre" traía" tíos a la casa, permitiendo a su hija de tres años presenciar actos sexuales que no debían ser vistos, aún por adultos..

- Su madre y su novio no querían que los niños "robaran" comida," entonces ellos pusieron un candado y una cadena alrededor de la nevera. Sus padres pasaban el tiempo encerrados en la habitación, algunas veces con amigos. La niña de seis años, y su hermano de cuatro años, escarbaban la basura de deshechos de sus padres, y se dormían sobre el piso cuando ellos se cansaban, sin una cobija, o almohada, o comodidad. Ella se acuerda de la televisión ser su constante compañera.

- Su Padre y su madre nunca estuvieron ahí, y ella escogió defenderse ella y su hermano bebé a la edad de 5 años. Ella recuerda cocinar y limpiar, cambiar pañales y lavar ropa cuando ella tomo ésta decisin. Ahora, ella encuentra díficil parar de trabajar y permitirse disfrutar las relaciones que Dios ha provisto en la gente alrededor de ella.

- Su padre la sodomizó y la sacó de su casa cuando ella tenía 16 años, sin ropa ni dinero,porque ella había expresado el deseo de ir al universidad. Ella luchó con un estilo de vida homosexual por 5años.

- Su padre alcóholico la golpeaba cuando ella le decía que tenía hambre. Entonces , ella y sus hambrientos hermanos eran forzados a estar de pie y verlo a él , mientras el comía un steak de comida.

- Su esposo la mantenía en casa sin vehículo, controlaba sus actividades, y esperaba sexo cada noche; cuando ella estaba tan cansada para darle a él, después de cuidar a sus 2 hijos pequeños durante el día, así como también el niño de la vecina, él la violaba. El esperaba una justa recompensa por su salario, su tiempo, y aún sus llamadas telefónicas. Este abuso fue espiritualizado, en el nombre de" sumisión divina".

Hay muchas otras historias – quizás la suya es similar a una de las que les he dado. Si ese es el caso, ud necesita saber que Dios nunca quiso que ud fuera tratada de ésta forma – El dá más valor a su vida que lo que otra gente le dá. Sepa ésto – que Jesús aún está en el negocio de sanar – y El sabe exactamente donde está ud – y que necesita ud para venir a una relación más profunda con El. El la está preparando a ud para un propósito eterno – y El está haciendo esa preparación ahora.

Quizás ud se ha sentido sin poder en su habilidad para moverse más allá del nivel de la vida espiritual que ud ha estado experimentando. Este libro y el grupo de ministerio de la asosiación la ayudará a descubrir áreas clave donde ud se ha" estancado" o solo decidido "renunciar a querer algo más."

Pero ud no renunció realmente –ahora esta considerando otro paso.

Cualquier paso que ud dé, involucrará crecimiento . Y crecimiento siempre involucrará sanidad.. Después de todo, la raíz de la palabra " saludable" es "sanar." . Entonces, cualquier viaje dentro de la totalidad emocional y espiritual, involucrará alguna forma de cambio – porque crecimiento no puede pasar sin cambio –solo mire fotos de niños estudiantes de un año a otro. Así que, crecimiento es sanidad, y sanidad significa cambio.

Y no es eso por lo que ud está hambriento? Un seguro y sólido cambio?

Considere también; cada uno en el planeta está quebrado –Nadie ha "llegado." Adicionalmente, ninguno de nosotros tiene la habilidad de sanarnos a nosotros mismos. Así que sepa esto, ud no está solo en este lugar donde ud está.

Permítame contarle donde la Asosiación de Ruth y Nohemí comenzó a ser:

En 2002, Yo estaba trabajando con una mujer que ha llegado a ser desde entonces una querida amiga. En el proceso de ayudarla a desenredar la confusión causada por abuso, comenzamos a trabajar hacia la sanidad en la confianza rota. También comenzamos a tratar problemas de la formación de identidad personal. Yo comencé a ir hacia atrás en mis diarios del ministerio, en el proceso de desarrollar hojas de trabajo para ella. La idea era ayudarla a entender la naturaleza de Dios Padre – que El es Abba Padre – y diferente a cualquier otra figura de autoridad hombre o mujer que ella hubiera conocido.

Yo he enseñado estos materiales antes. Bill y Yo hemos desarrollado libros de trabajo para Desarrollo de Vida Interior, como parte de un programa que hemos escrito varios años atrás, llamado, "Lecciones para la Libertad." La Parte Uno de este estudio fué titulado, "Todos necesitan un Papá." Usualmente, El Señor me tendría solo para incorporar nuevas damas dentro del programa. Pero ésta vez, para ésta mujer, El Espíritu Santo se mantuvo guiándome para crear hojas de trabajo solo para ella, lo que causaría que ella "cavara" por sí misma, y apuntara sus áreas claves. Nosotras terminamos yendo en una dirección completamente diferente a lo que yo anticipé.

Esto nos tomó como un año.

Al final de ese año, algunas otras mujeres, quienes sabían de sus luchas y las victorias subsiguientes, *y quienes, sin saberlo yo, habían estado observando para ver si ella había experimentado cambio radical), preguntaron si ellas podrían tener las mismas hojas de trabajo para sus propios usos.* Encima, presentar la idea al ministerio entero de mujeres, teníamos más de 20 viniendo a sesiones de orientación. Eso era un tercio de nuestras mujeres! Yo estaba abrumada. Sería imposible ser tutor de una a una con algunas 20 damas!

Así que, decidimos tratar un grupo. Yo les dije que ellas serían parte de un experimento; que estabamos desrrollando un concepto, y Yo solo estaba viendo un paso a la vez. A ellas no les importó. Ellas querían hacer el trabajo no importaba cuanto significara. Ellas estaban hambrientas, y listas para ayuda. Incidentalmente, esa actitud, yo he encontrado, es uno de los ingredientes principales y necesarios para que una persona experimente la sanidad en cualquier nivel.

Nosotras mantuvimos nuestra primera sesión de Asosiación abierta-terminada, solo porque no sabíamos cuanto tomaría llevar todas las damas a través del programa. Y solo por dos principios claves que yo he aprendido en el ministerio:

1. Madurez no puede ser precipitada, y
2. Descubrimiento no puede ser forzado.

Por más de treinta años, en ayudar gente a desarrollar su vida interna, yo he sido una firme creyente en que la persona firme un compromiso para su propio crecimiento , así desarrollamos un " Convenio Acuerdo","sabiendo que el Acuerdo serviría como recordatorio de las promesas del Señor para sanar y sellar su trabajo en nuestras vidas, más tarde cuando el camino llegue a ser doloroso para aquellos involucrados. Nosotros también sentíamos que necesitabamos algunos " Principios como Pilares" para las damas estar de acuerdo, así podríamos construir unidad y sentido de pertenencia dentro del grupo.

Nos encontramos continuamente regresando a estos principios ,en consejería entre sesiones, y animando las unas a las otras cuando el dolor llegaba a ser la voz más estridente en el alma. Los Principios eran:

1. Yo decido seguir adelante
2. Yo decido servir
3. Yo decido ser una persona segura
4. Yo decido dar cabida a otros en mi vida.

Es mi más profunda esperanza mientras ud trabaja a través de estos materiales, que la presencia de Jesús y su Santo Espíritu, la visitará, envolverá, fortalecerá y animará, respirará sobre ud, y sanará su vida.

El es el sanador. El es el restaurador.
El es siempre confiable.

El la ama. Y yo también.

Bendiciones en su viaje!!

Debbye Graafsma

Ruth y Nohemí

Cuaderno Asignación Personal

Por favor, utilizar estas páginas de notas a medida que escucha a la conferencia grabada para la Sesión Uno.

Sesión Uno – Orientación

1. Cuál es el propósito del Ministerio de Ruth y Nohemí?

2. Que pasará mientras yo participo en este grupo?

3. Cómo se incorporará el Convenio Acuerdo en mi vida mientras el enfoque para el crecimiento me ayuda a reconocer mi crecimiento personal y desarrollo emocional?

4. Qué enfoque emergerá mientras caminamos juntas a través de los materiales?

NIVELES DE COMUNICACION

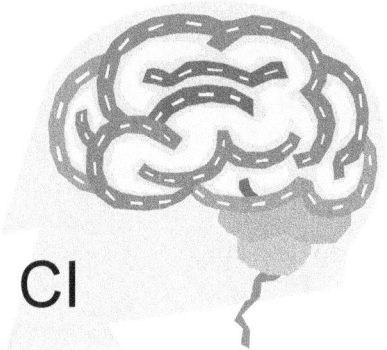

1. Tópicos

2. Hechos

Tareas & Hacer

Basado en la Imagen

CI

**Barreras de Protección
(Temor + Orgullo=Control)**

Vida Externa

Tangible

Vida Interna

Intangible

**3. Sentimientos/Moral
Valores/Principios**

Relaciones & Ser

**4. Anhelo/
Necesidades**

Basado en la verdad

CE

5. Temores

Basado Obediencia y Confianza

CI&CE

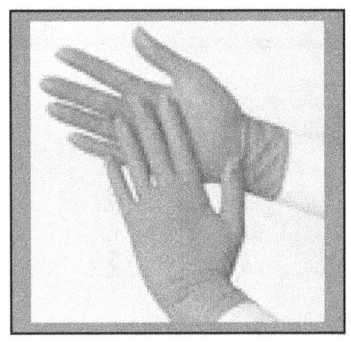 Que ve Dios primero, cuando El me ve?

El Principio Iceberg de Inteligencia Emocional

Evaluacion

Punto B – Salud

Punto A – Presente Localizacion

Antes que una senda pueda ser trazada hacia el destino final de salud y desarrollo, debemos evaluar o valorar donde estamos viviendo en el presente. Sin una evaluacion apropiada, es imposible hacer un mapa en linea recta; creando una aplicacion personal de la necesidad de crecimiento.

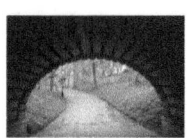

Resultados:
Verdad/realidad habla
Conocimiento emocional
Sanidad de recuerdos
Tristeza es procesada

Facilita crecimiento y sanidad

Juicio

Bueno   o   Malo
Pasar   o   Fallar
Correcto o   Incorrecto
Ganar   o   Perder

Juicio liga un valor moral *negativo*, de un mecanismo "Tu estas aqui" y cierra la puerta al crecimiento /cambio.

Resultados:
Hablan emociones negativas/control
Adormecimiento del corazon
Recuerdos Represados
Ciclo de tristeza estancada

Para crecimiento y sanidad

© atg/dcg

Notas:

Evaluacion

"DIOS es mi Sanador y Amigo"

Abba Padre nos ve a traves de ojos de evaluacion, viendo nuestros lugares de dolor como potenciales lugares de encuentro para consolar y sanar

Elementos de Evaluacion

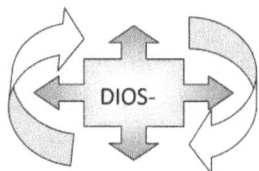

1. Asigna valor a la gente porque ellos llevan la imagen de Dios en ellos – con Jesus o sin El.

2. Opera a traves de una eleccion de amor del corazon, confianza, comunidad, y mutua seguridad.

3. Usa el potencial y la relacion para motivar; guiado por el Espiritu Santo, basado en el servicio; orden del Reino.

4. Lo que una persona hace fluye de lo que han venido a ser

5. Debilidades y errores son elementos esperados de aprendizaje.

6. Basado en Abba Padre, derivado del Espiritu, centrado en relaciones.

7. Aceptacion y aprobacion son centrados en el incondicional e inagotable amor de Dios—toda la gente es igual.

Juicio

"DIOS es un Hombre Duro, esperando que yo me equivoque"

Nos vemos a traves de ojos de juicio, viendo nuestros lugares de dolor como potenciales lugares de rechazo, desaprobacion y por ultimo rechazo por Dios. Posiciones de poder son mantenidos a traves de autoridad, presuncion e intimidacion.

Elementos de Juicio

1. Asigna valor a la gente basado en la belleza, logros, exito, salud, materia gris y habilidad.

2. Opera a traves de mentalidad de autoridad, jerarquia, politica, tradiciones religiosas & organizacion institucional.

3. Usa temor para motivar; basados en desempeño; orden del hombre.

4. Lo que la persona hace es mas importante que lo que es.

5. Debilidades y errores disminuyen valor /inaceptable.

6. Basado en el hombre; derivado del intelecto, reglas/centrado en tradicion.

7. Rechazo y desaprobacion a quienes son diferentes al grupo comun.

Notas:

Sesion Uno –Tarea

1. Por favor llene la Valoración Personal, así como el "Como Me Veo a Mi Misma" evaluación en las páginas siguientes. Ud necesitará dar éstas a su Compañero Facilitador al comienzo de la siguiente sesión. Ella mantendrá estos materiales confidencialmente.

2. Por favor lea y complete el Ruth y Nohemí Covenio Acuerdo, así como la lista de libros requerida en la librería.Por favor guarde la segunda hoja firmada para darla a su Compañero Facilitador en la próxima sesión.

3. Po favor complete las hojas de trabajo en la sesión Diario Descubrimienton para ésta sesión.

4. Antes de la próxima sesión, por favor lea Salmos 23 cada día, quizás solo antes de ir a la cama, y pregunte a Jesús que le muestre una área específica donde El es su Pastor personal.

Hoja de Valoración Personal – Sesión Uno
(todas las respuestas son confidenciales y no serán compartidas)

1. Cuál es su meta personal al venir a este grupo? (Si ud no tiene una, está bien decir, yo no sé.)

2. Hay relaciones personales en su vida en el presente que a ud le gustaría tener un mejor manejo? Cuáles son ellas, y porqué ?

3. En qué asuntos le gustaría a ud estar mejor equipada para poner dirección a su vida personal con Jesús?

Cómo me veo a mí misma? Nombre/Fecha:

Por favor use las escalas dadas para responder las siguientes preguntas. Es mejor si ud toma un momento para responder cada pregunta, y considerar su respuesta de" corazón", en lugar de dar una respuesta rápida. De ésta forma, ud podrá obtener una lectura más clara del estado de salud de su alma.

Por favor señale la respuesta de cada pregunta, con un círculo en el número/indicador.

1. Estoy feliz con mi vida?

Eufórico/Emocionado   Contento/Feliz   Desanimado/Miserable

10   9   8   7   6   5   4   3   2   1   0

Cuál es la causa para dar ésta respuesta? Qué evidencias presentes hay en su vida para apoyar su respuesta?

_____

_____

_____

_____

2. Realmente yo le gusto a la gente?

Yo tengo varias   Mi presencia   No realmente. Que
relaciones que   en más de las situaciones   les gusta de mí?
traen valor   es solo tolerada

10   9   8   7   6   5   4   3   2   1   0

Cuál es la causa para dar ésta respuesta? Qué evidencias presentes hay en su vida para apoyar su respuesta?

_____

_____

3. Yo me veo aceptable?

| Yo soy despampanante | Mi apariencia es aceptable para mi edad y experiencia. | Yo tengo varios atributos físicos que realmente no no me gustan. | Yo odio la forma como luzco. |

10   9   8   7   6   5   4   3   2   1   0

Cuál es la causa para dar ésta respuesta? Qué evidencias presentes hay en su vida para apoyar su respuesta?

_____

_____

4. Me ama mi familia?

| Yo soy un miembro irremplazable de una familia inseparable en la comunidad | Yo cumplo la función de cuidar. | Yo me siento agotado de recursos la mayoría del tiempo. | No tengo realmente a nadie que cuide de mi, Pero yo doy continuamente. |

10   9   8   7   6   5   4   3   2   1   0

Cuál es la causa para dar ésta respuesta? Qué evidencias presentes hay en su vida para apoyar su respuesta?

_____

_____

_____

5. Yo siento como si tuviera algo para contribuir a otros?

| Yo tengo una contribución irremplazable en las vidas que toco cada dia. | Yo me siento razonablemente satisfecha de que mi vida hace una diferencia. | Yo cumplo una función, pero esto es algo que alguien más podría hacer. | Yo soy solo tolerada en presencia y en contribución. |

10   9   8   7   6   5   4   3   2   1   0

Cuál es la causa para dar ésta respuesta? Qué evidencias presentes hay en su vida para apoyar su respuesta?

_____

_____

_____

_____

6. Yo siento que soy responsable de mantener el estado emocional de aquellos que yo cuido?

| Ellos son responsables por sus elecciones, y yo soy libre de sentimientos de negatividad | Yo busco vivir mi vida consciente de sus necesidades pero no trato de " crear" un ambiente óptimo. | Yo soy responsable por la infelicidad de mi familia (o amigos), y debo ver de que la atmósfera de nuestras vidas sea feliz. | Yo vivo en temor de la ira o negatividad de alguien, y yo trato de condicionar mi vida para evitar esas respuestas. |

10   9   8   7   6   5   4   3   2   1   0

Cuál es la causa para dar ésta respuesta? Qué evidencias presentes hay en su vida para apoyar su respuesta?

_____

_____

7. Creo yo que Dios Padre me ama?

| Yo experimento su amor y su relación conmigo cada día | Yo se que El me ama, pero yo no siento nada | Como puede El amarme? Mire mi vida. | A El no le importa, y a mí tampoco. |

10   9   8   7   6   5   4   3   2   1   0

Cuál es la causa para dar ésta respuesta? Qué evidencias presentes hay en su vida para apoyar su respuesta?

_____

_____

_____

_____

Ruth & Nohemí – El Viaje de Sanidad

Convenio Acuerdo

En un deseo por crecer en mi vida interior, Yo hago un convenio con el Espíritu Santo, y aquellos con los que yo soy responsable en este proceso, para entrar en esta relación de aprendizaje. En obediencia a la Palabra de Dios, yo escojo recibir desarrollo a través de este proceso.

Entrando en ésta nueva relación, Yo reconozco que los siguientes deseos de crecimiento, son verdad para mi vida:

1. Yo deseo dejar mi pasado atrás, y entrar a un nuevo lugar.

2. Yo deseo crecer en mi identidad como mujer de Dios, aprendiendo de aquellos que El Padre ha puesto en mi vida para instrucción.

3. Yo deseo servir bien, y terminar bien.

4. Yo deseo desarrollar un corazón más grande, capaz de ser tutor de otras mujeres en el desarrollo de espíritu- formado.

5. Yo deseo aplicar la Palabra de Dios en mi vida, no solo mentalmente, sino también en la práctica.

6. Yo deseo ser una sierva contribuyente en cada área de mi vida; físicamente, espiritualmente, y emocionalmente.

7. Yo deseo vivir mi vida como una larga vida de aprendiz, y entender que este programa/proceso de tutoría es una salida a ese deseo.

Página dos – Ruth y Nohemí

Comenzando ésta nueva fase de discipulado espiritual, Yo escojo comprometerme a los siguientes principios de práctica de Ruth y Nohemí Creciendo entre Amigas.

1. Yo escojo dejar mi pasado atrás. (Rut 1:6)

2. Yo escojo aferrarme a lo nuevo que Jesús está haciendo en mi vida. (Rut 1:14)

3. Yo determino recibir una nuevo arreglo de identidad y génetica,
basada en la Palabra de Dios, de acuerdo con el Espíritu Santo
guiando mi propio corazón. (Rut 1:16)

4. Yo escojo servir de manera práctica mientras crezco. (Rut 2:12)

5. Yo entiendo que la redención y el cubrimiento espiritual son
los pilares de propósito-directo de este ministerio de tutoría. Yo escojo seguir instrucciones para el crecimiento y desarrollo espiritual y emocional
, mientras ellos me son dados, a través de asignaciones
y comunicación relacional. (Rut 3:1-15)

6. Yo escojo mantener mi corazón abierto y enseñable en este proceso de desarrollo. Yo escojo confiar. Es mi deseo reconocer la excelencia que el Padre ha puesto en otras mujeres en este grupo. Yo decido valorar su participación en este grupo así como la mía. Yo completaré mis asignaciones.

7. Yo abro mi corazón a mi Rey-Redentor, Jesús quien me ama, y esparcirá Su cobertura de gracia sobre mi corazón y vida mientras yo entro en los nuevos lugares. El está preparando algo para mí en este proceso.

Página tres -- Ruth y Nohemí --
Como participante en el Ministerio de Rut y Nohemí, yo reconozco y estoy de acuerdo en lo siguiente:

1. Yo buscaré establecer los cuatro principios doctrinales del Ministerio de Ruth y Nohemí en la tela de mi vida diaria:
    a. "Yo escojo ir hacia delante."
        (Esto me previene de quedarme "estancada ")
    b. "Yo escojo servir."
        (Esto me previene de llegar a ser centrada en mí misma y egoísta en el proceso de sanidad. Esto confronta cualquier narcisismo o tendencia a ser absorbida en mí misma.)
    c. "Yo escojo llegra a ser una persona segura."
        (Esto me protege de violar mi relación con otras mujeres, y provee una red de seguridad para mí, mientras desarrollo confianza en áreas de conexión relacional con otras mujeres. Nosotras crearemos juntas un lugar seguro.)
    d.. "Yo escojo permitir a otros entrar en mi vida."
        (Esto me previene de llegar a ser un" llanero solitario," y me acerca a tener compañerismo con otras mujeres. Comunidad llegará a ser positiva en mi vida, reemplazando el concepto negativo que había tenido hasta ahora.)

2. Yo escucharé y aplicaré la enseñanza de cada sesión en CD, con la mayor habilidad y entendimiento. Yo completaré los asignamientos del libro de trabajo de Ruth y Nohemí.

3. Yo atenderé todas las sesiones, a menos que tenga una emergencia o crisis que demande mi asistencia. Yo estableceré tiempo aparte para alimentar mi alma, y para crecer en las cosas basadas en la vida espiritual en Cristo.

4. Si yo decido no completar el material, yo entiendo que me moveré a una estado de auditoría, y esto me prevendrá de ser capaz de ser utilizado como ministra compañera para otra mujer en necesidad. Para ser colocada en una aptitud de ministerio, yo necesito completar todo el material, y aplicarlos a mi vida.

5. Yo estoy de acuerdo en leer los libros de lectura suplementaria. Sí me gustaría leer libros adicionales, puedo escogerlos de la lista de libros dada.

6. Yo entiendo que yo puedo indicar mi preferencia para compartir o no compartir en lo que respecta a necesidades personales durante el programa de Ruth y Nohemí. Sin embargo, yo deseo desarrollar una habilidad más profunda para confiar y relacionarme con otros. Reconociendo esto, yo deseo tratar de aprender a confiar en otros dentro de un ambiente seguro. Yo entonces llegaré a ser capaz de experimentar el estiramiento de los niveles de confianza personal en grupos, fuera de este grupo de mujeres. Este grupo es un lugar seguro para mí. Yo escojo permitir que sea así. Por mi parte, yo seré una persona segura para las otras mujeres en este grupo. Si yo violo confidenciabilidad dentro de este lugar de confianza, compartiendo "fuera de escuela" yo entiendo que estoy descartando el privilegio de participación.

Lista de Lectura Suplementaria Adicional:
Textos requeridos:
    "La Sangre"   por Benny Hinn
    "Perfil de Tres Monarcas"   por Gene Edwards
    "En Manos De La Gracia"   por Max Lucado

AdicionalesTextos Recomendables Disponibles *(y su contenido)*

    "Dentro de los Brazos de Abba" por Sandra Wilson, PhD. *(como desarrollar una vida de amor con Dios)*

    " Adicto Control " por Les Parrott, PhD *(como aprender a confiar y dejar ir el control)*

    "La Guía del Mundo Más Fácil para Relaciones Familiares" por Gary Chapman
(Explica como debe ser la vida familiar saludable)

    "Puerta de Esperanza" por Jan Frank
(Como hacer el viaje fuera del dolor del abuso sexual y el incesto)

    "Las Mentiras que Creemos" por Chris Thurman
(Como aprender a creer la verdad, y no en lo que sus emociones han sido programadas para creer, por experiencias e historias relacionales)

    "Liberado de la Vergüenza" por Sandra Wilson PhD
(Como experimentar la libertad de la pesadez que cargan la falsa culpa y la vergüenza)

    "Haciendo de la Ira su Aliada" por Dr. Neil Clark Warren
Acercamientos prácticos para tratar con el problema de la ira)

    " Relaciones de Alto Mantenimiento"por Les Parrott
(Que está pasando realmente dentro de la gente difícil en su vida, y cómo puede ud relacionarse con ellos de manera más fácil)

    "Amor Oculto del Enemigo"por Les Parrot
(aprendiendo como es una relación construida con amor incondicional, y como cada uno de nosotros ha sido influenciado por culpa, para liquidar con métodos falsos el amor, es decir, complaciendo, controlando con celebración, etc.)

    "Personas Seguras" por Cloud and Townsend
(Como el proceso de desafecto destruye nuestras habilidades para tener largas relaciones románticas , como ellas destruyen un matrimonio, y como romper el ciclo.)

    "Personas que Aman" por Cloud and Townsend
(Como aprender a experimentar intimidad con otros, sin confusión sexual. Realmente un libro muy bueno para aquellos que quisieran aprender a vincularse en relaciones.)

Por favor firme las dos hojas de acuerdos. Mantenga una en su cuaderno, y traiga a mano la otra en la próxima sesión..

Yo he leído el Convenio Acuerdo del Ministerio, y yo estoy de acuerdo en permanecer en sus principios.

Participante _____

Fecha_____

Yo quisiera leer libros suplementarios adicionales: (favor indicar cuales- nosotros trataremos de tenerlos disponibles a través de préstamos en la librería)

_____ "Viaje" por Debbye Graafsma

_____ "Dentro de los brazos de Abba" por Sandra Wilson

_____ "Adicto Control "por Les Parrott

_____ "La Guía del Mundo más Fácil para Relaciones Familiares"por Gary Chapman

_____ "Puerta de Esperanza"Por Jan Frank

_____ "Las Mentiras que Creemos" por Chris Thurman

_____ "Liberado de La Vergüenza"por Sandra Wilson PhD

_____ "Haciendo de la Ira su Aliada" por Dr. Neil Clark Warren

_____ "Relaciones de Alto Mantenimiento" por Les Parrott

_____ "Amor Oculto del Enemigo"por Les Parrott

_____ "Personas Seguras"por Cloud and Townsend

_____ "Personas que Aman"por by John Trent

(Favor dar esta copia al compañero)

Yo he leído el Convenio Acuerdo del Ministerio, Y estoy de acuerdo en permanecer en sus principios.

Participante _____

Fecha _____

Yo quisiera leer libros suplementarios adicionales: (favor indicar cuales- nosotros trataremos de tenerlos disponibles a través de préstamos en la librería)

_____ "Viaje" by Debbye Graafsma

_____ "Liberado de La Vergüenza" por Sandra Wilson PhD

_____ "Haciendo de la Ira su Aliada" por Dr. Neil Clark Warren

_____ "Relaciones de Alto Mantenimiento" por Les Parrott

_____ "Amor Oculto del Enemigo" por Les Parrott

_____ "Personas Seguras" por Cloud and Townsend

_____ "Personas que Aman" por by John Trent

Sesión Uno –
Diario Descubrimiento

Descubrimiento Asignación #1
Identificando los atributos de Abba Padre

1. Mientras comenzamos este viaje hacia la totalidad del alma, es importante que primero nosotros tengamos un entendimiento saludable de lo que significa mantener una relación saludable con nuestro Creador. La Biblia se refiere a Dios como Padre, así que para cada uno de nosotros, El ha llegado a ser la Figura Magna de Autoridad en toda nuestra vida – Padre Dios. Para algunas mujeres, es difícil acercarse de modo alguno a Dios, porque El es presentado como una figura masculina de autoridad. Muchos de nosotros tratamos con imágenes rotas de autoridad masculina, porque hombres terrenales han representado mal al Padre en nuestras vidas. Para algunas de nosotras, la palabra "Padre" es una palabra sucia. Para algunas, esto llama imágenes de abuso y dureza. Cualquiera sea la respuesta a la palabra " padre", cada una de nosotras tiene áreas donde el correcto entendimiento de la autoridad masculina ha sisdo alterada del plan original de nuestro Creador. Así que mientras comenzamos el proceso de sanidad, es importante que nosotros primero ganemos un agarre no filtrado de exactamente con Quien es con el que nosotros estamos tratando,cuando nosotros nos acercamos a Padre Dios.

En cada vida, existe un filtro, creado por nuestra percepción e impresión en nuestras tempranas etapas de desarrollo. En este Ministerio, nosotros nos referimos a este filtro como el "filtro del padre". Por definición, esto significa, que cada persona en el planeta filtra su percepción de su Padre Celestial, a través de su percepción de su padre terrenal. Y, posteriormente, lo que percibimos ser acontecimientos normales en nuestra vida como niños , llegan a ser las bases de como acercarse a la vida como adultos..

Utilizando las siguientes escrituras, favor haga una lista de las características de Dios Padre dadas por nuestro entendimiento de la Palabra.

Escritura	Atributo

Lucas 1:37   "Porque nada hay imposible para Dios."

Salmos 34:8

Salmos 86:15   "Más tu, Señor, Dios misericordioso y clemente, lento para la ira, y grande en misericordia y verdad."

Hebreos 13:8

Santiago 1:17 "Toda buena dádiva y todo don perfecto desciende de lo alto, del Padre de las luces, en el cual no hay mudanza, ni sombra de variación".

Hebreos 6:18

Números 23:19 "Dios no es hombre, para que mienta, ni hijo de hombre para que se arrepienta. El dijo, y no hará? Habló, y no ejecutará?

I Juan 1:9

Isaías 43:25 Yo, yo soy El que borro tus rebeliones por amor de mí mismo, y no me acordaré de tus pecados."

Jeremías 31:34

I Juan 4:7-8

Salmos 139:13-16

Génesis 12:1-3
Gálatas 3:7-9

Escritura	Atributo

Salmos 103:3-5 "El es quien perdona todas tus iniquidades, El que sana todas tus dolencias; El que rescata del hoyo tu vida, El que te corona de favores y misericordia; El que sacia de bien tu boca de modo que te rejuvenescas como el águila."

Salmos 103:10-11

Salmos 103:17

Lucas 11:9-13 "Y yo os digo: Pedid, y se os dará; buscad, y hallaréis; llamad, y se os abrirá. Porque todo aquel que pide, recibe; y el que busca halla; y al que llama se le abrirá. Que padre de vosotros, si su hijo le pide pan, le dará una piedra? O si pescado, en lugar de pescado le dará una serpiente? O si le pide un huevo, le dará un escorpión? Pues si vosotros, siendo malos, sabéis dar buenas dádivas a vuestros hijos, cuánto más vuestro Padre Celestial dará el Espíritu Santo a los que se lo pidan?"

Exodo 15:2
II Corintios 12:9

II Pedro 3:9

<u>Por favor, utilizar estas páginas de notas a medida que escucha la conferencia grabada para la Sesión Dos.</u>

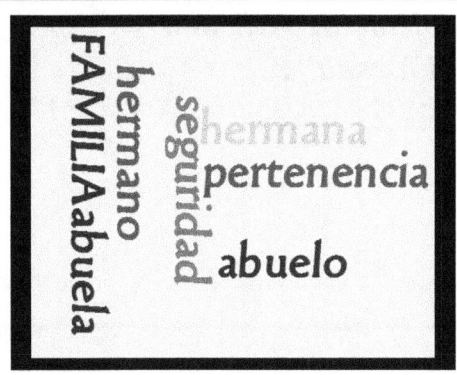

Sesión Dos –
"Los Padres Perfectos"

Romanos 8:15

Gálatas 4:4-7

Efesios 1:3-7

El Problema de vivir una Vida "Filtrada".

Cuáles son mis filtros actuales?

Qué temores afectan mi entendimiento de quién es Dios?

Pasos de Vínculos Adoptivos
Instrucciones para padres adoptivos

Padre Dios es un padre adoptivo que hace todas estas cosas por sus hijos.

Vincularse con un hijo adoptado no es realmente tan difícil. Sin embargo, esto toma un esfuerzo intencional . El nivel de dificultad en vincularse varía, dependiendo de la edad del niño y las experiencias pasadas del cuidado de la custodia o con los padres biológicos. La necesidad más profunda del niño es amor incondicional, y es importante recordar sobre todo lo demás, especialmente al comienzo del proceso del vínculo, mantenerse enfocado en proveer un hogar seguro ,estable, y que apoye – no importa cuan distante o molesto ellos puedan parecer.

Metáfora Espiritual y Emocional
en la personalidad de Abba Padre

1. Despeje su agenda, creando al menos el mayor tiempo posible entre las dos personas. Entre más joven el niño, es más importante minimizar distracciones.

2. Encuentre las necesidades básicas del niño (alimentando, cambiando, comfortando cuando esté asustado o molesto, etc) rápido y totalmente. muéstrele a su niño que ud es alguien en quien puede confiar para cuidar de él. Construir confianza es la primera piedra de fundamento para crear un vínculo en una relación.

3. Es importante la cantidad de tiempo siendo accesible físicamente para su niño. Acurrúquese con ellos. Cantidad de toques seguros es clave Planee actividades que alienten el contacto de ojos. Compartir sonrisas y juegos le ayudarán también a desarrollar intereses comunes y recuerdos felices juntos.

4. Considere dormir con ellos para promover cercanía adicional y permitir que ud satisfaga cualquier necesidad que se presente en la noche. Un niño adoptado es a menudo asustado en la noche y tener a mamá o papá cerca puede ayudar mucho.

5. Permita a su hijo tiempo para afligirse por la pérdida de sus anteriores guardianes o padres de nacimiento. Aún un infante puede sentir cuando las cosas son diferentes. Un niño mayor a menudo luchará con sentimientos de desesperanza-no entendiendo que ha pasado. Sea paciente. Permita al niño procesar cualquier sentimiento negativo. Esto ayudará mucho al desarrollo de un vínculo saludable entre uds.

6. Sea paciente. Reconozca que vincularse toma tiempo. Si ud no se enamora inmediatamente de su niño, no significa que algo anda mal. Algunas veces ese sentimiento de amor y afecto vendrá enseguida pero a veeces toma tiempo en sentir una conexión. Dele tiempo y trate de disfrutar el proceso de llegar a ser verdaderamente una familia afianzada.

7. No force su amor o afecto hacia el niño. Déjeles saber que ud esta ahí para ellos y que a ud le gustaría pasar tiempo con ellos.

8. Dele a su niño espacio personal para pasar tiempo. Respete el espacio como su propio espacio. Siempre toque la puerta antes de entrar, no importa cuanto le disgusta a ud esto, pérmitales decorar y pintar la habitación (o ayúdeles a hacerlo), es su propio espacio. Ellos necesitan sentir que la nueva casa es de ellos y ellos pueden sentirse cómodos estando ahí.

9. Si su niño es de diferente religión o nacionalidad que la de ud, respételo. Pregunte a su niño si le gustaría celebrar algunas fiestas o partes de su herencia, y sea abierto en aprender de sus celebraciones de la religión o herencia. Vaya a la librería y busque en internet acerca de esto y tenga al niño para que le muestre que saben ellos sobre esto. De pronto no sea parte de lo que ud considera " día de fiesta" pero necesitará ser de ahora en adelante. Aún cuando el niño no hable de esto, ud necesitará preguntar si a ellos les gustaría celebrar o aprender acerca de esto. De otra manera, resentimiento puede aparecer calladamente.

10. Haga preguntas pero no aceche. Hable de sus pasados de una forma abierta. Nunca trate de esconder u olvidar el hecho de que ellos fueron adoptados. Manteniéndose abiertos y honestos hara que confíen en ud y se tornará en mamá y papá más rápido que mintiendo o falseando .

11. Permita al niño tener algo de control sobre las eleciones de la familia. Permítales escoger una comida de familia cada noche, una actividad de familia cada semana , un juego que ud juegue, o una película que ud vea. Ellos necesitan tener un poquito de control en una vida que ha sido previamente fuera de su control.

12. Nunca ponga por debajo o ataque el carácter de los padres biológicos. Aún si ellos dieron al niño en adopción, por razones horribles y aún si ud está en desacuerdo de sus estilos de vida, etc. NUNCA diga al niño que sus padres biológicos fueron "malos" o sin "valor", etc. Nada bueno puede venir de esto, esto solo puede ser mal para ud más adelante.

13. Relájese. La relación se construirá con tiempo. Mientras que el niño comienza a ver que ud lo respeta y cuida, entonces el amor crecerá. Ellos lentamente comenzarán a verlos como "mamá y papá", y su vida temprana llegará a ser menos importante: mientras ellos llegan a estar involucrados en la escuela, deportes,etc. Solo trate y sea un padre abierto y honesto y todo saldrá bien.

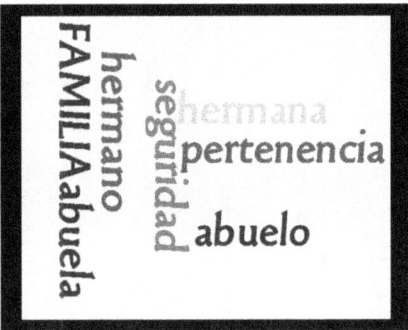

Deseos humanos de corazón para relaciones saludables

(Afianzando)

1. Ser notado
2. Ser elogiado

Ser "normal"

CI

3. Ser reconocido/observado
4. Ser incluído
5. Estar físicamente seguro
6. Ser afirmado /aceptado

"Importar"

~~~~~~~~~~~~~~~~~~~~~~~~~~~~

7. Ser tocado (seguro)
8. Ser oído (conectar)
9. Pertenecer a un grupo)
10. Ser recibido

Asiéndose a un lugar necesitado como parte de un grupo

CE

11. Ser confiable
12. Ser escogido
13. Ser entendido (conexión recíproca)
14. Ser integrado en un grupo

Sintiéndose en casa en cualquier parte

~~~~~~~~~~~~~~~~~~~~~~~~~~~~

15. Estar seguro
16. Ser preferido
17. Ser apasionadamente deseado

Consciente de seguridad interna aún en vulnerabilidad

Centro

© atg/dcg

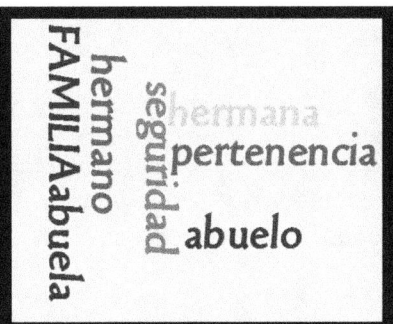

Deseos humanos de corazón para relaciones saludables

1. Ser notado	I Samuel 16:7
2. Ser elogiado	Efesios 4:32

3. Ser visto	Génesis 16:6-13
4. Ser incluído	Efesios 2:1-10
5. Estar seguro	Salmos 62:8
6. Ser afirmado	Salmos 116:1-9

~~~~~~

7. Ser tocado (seguro)	Lucas 4:18/ Ps. 147:3
8. Ser oído (conectar)	Isaías 1:18
9. Permanecer (en un grupo)	Salmos 116:1-9
10. Ser recibido	Salmos 34:15

11. Ser confiable	Santiago 2:23/Ex 33:11
12. Ser escogido	Jeremías 31:3
13. Ser entendido (conexión recíproca)	Salmos 139
14. Ser integrado	Efesios 1:6

~~~~~~

15. Estar seguro	Salmos 103:8-12/Pr18:6-19
16. Ser preferido	Juan 15:15
17. Ser apasionadamente deseado	Efesios 1:3-5

© atg/dcg

Sesión dos – Tarea

1. Por favor reúna varias fotos de su niñez. Haga fotocopias de estas fotos y ponga una foto en cada página. En cada página, coloque una nota de su edad. Por favor ponga estas páginas en el cuaderno.

2. Por favor tome un tiempo antes de la próxima sesión, para escribir la historia de su vida hasta este punto. Haga una lista de los puntos destacados en su historia….No use cantidad de detalles a menos que ud sienta que va ser de ayuda para colocarlo en la hoja. Algunas veces, si ud tiene recuerdos que traen dolor a su mente, es bueno recordar bien el detalle – que ayudará cuando estemos caminando por el proceso de sanidad más tarde.

   Nota: No se preocupe si recuerdos dolorosos vienen a su mente… Esto es usualmente las instancias en nuestras vidas que nos han causado mayor dolor tienden a venir a la superficie – estas experiencias nos dan claves de dónde y cuando nuestro desarrollo emocional se redujo o se detuvo.

3. Por favor empiece a leer el primer libro recomendado: "Viaje" por Debbye Graafsma, o, si ud ha terminado este libro, otro libro suplementario de su escogencia.

4. Por favor memorice el verso de la escritura: Jeremías 29:11. "Porque yo sé los pensamientos que tengo acerca de vosotros, dice el Señor: pensamientos de paz y no de mal ; para daros el fin que esperáis".

5. Por favor tome tiempo también para leer Efesios, capítulos uno y dos ésta semana cada día, preferiblemente al irse a acostar.

Sesión Dos –
Diario de Descubrimiento

Ruth & Nohemí – El Viaje de Sanidad
Asignación # 2
Identificando los atributos de Dios, Parte 2

1. Mientras continuamos este viaje hacia la totalidad del alma, tome algunos momentos para terminar la próxima porción en el diario de ejercicio que empezamos en la sesión uno. Para repasar, para algunas mujeres, es difícil acercarse a Dios del todo, porque El es presentado como figura de autoridad masculina.

   Muchas de nosotras tratamos con imágenes rotas de autoridad masculina, porque el hombre terrenal ha tergiversado al Padre en nuestras vidas. Para algunas de nosotras, la palabra" padre" es una palabra sucia. Para algunas, ésta palabra llama a imágenes de abuso y dureza.

   Cualquiera sea la respuesta a la palabra "padre", cada una de nosotras tenemos áreas donde el correcto entendimiento de la autoridad masculina ha sido alterada del plan original del Creador, y ha creado un flitro en nuestras vidas.

   Así que, mientras empezamos este proceso de sanidad, es importante que tengamos una comprensión sin filtro de con quién exactamente estamos tratando, cuando nos acercamos a Padre Dios.

   Por favor continúe el ejercicio que empezamos la última sesión en las siguientes páginas.

Ecritura	Atributo
Juan 6:40 "Y ésta es la voluntad del que me ha enviado: Que todo aquél que ve al Hijo, y cree en El, tenga vida eterna; y yo le resusitaré en el día postrero.".	
Deuteronomio 28:1-13	
Juan 10:10 "El ladrón no viene sino para hurtar y matar y destruir; yo he venido para que tengan vida, y vida en abundancia."	
Salmos 9:9-10 "Jehová será refugio del pobre, refugio para el tiempo de angustia. En tí confiarán los que conocen tu nombre, por cuanto tú, oh Jehová, no desamparaste a los que te buscaron."	
Hebreos 13:5	
Salmos 28:7 "Jehová es mi Fortaleza y mi escudo; en El confió mi corazón, y fuí ayudado, por lo que se gozó mi corazón y con mi, cántico le alabaré."	
Salmos 31:20	

Escritura	Atributo

Hebreos 13:5-6 "…porque El dijo: No te desampararé, ni te dejaré; *de manera que podemos decir confiadamnete: El Señor es mi ayudador: no temeré lo que me pueda hacer el hombre.*"

Salmos 18

Salmos 103:13 "Como el padre se compadece de sus hijos, se compadece Jehová de los que le temen"

Salmos 84:11-12

Filipenses 4:19 "Mi Dios, pues, suplirá todo lo que os falta conforme a sus riquezas en gloria en Cristo Jesús.

I Juan 1:7 "Pero si andamos en luz, como El está en luz, tenemos comunión unos con otros, y la sangre de Jesucristo su Hijo nos limpia de todo pecado."

Salmos 118:6

Descubrimientos que hice ésta semana:

Por favor, utilizar estas páginas de notas a medida que escucha la conferencia grabada para la Sesión Tres.

Sesión Tres – La Tristeza y sus Ciclos

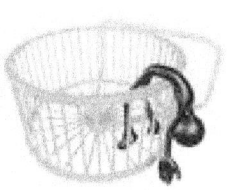

Los Principios del Cambio

1. Siempre hay esperanza para el cambio.

2. Nosotros no podemos cambiar lo que no reconocemos.

3. El ingrediente primario del proceso de cambio es la Verdad (en amor) en un corazón abierto.

4. No podemos cambiar a otros. Solo podemos cambiarnos a nosotros mismos.

5. Arrepentimiento es el único catalizador (lugar de comienzo) para que el cambio ocurra.

6. Nuestro quebrantamiento interno es el lugar de comienzo para el arrepentimiento, y por lo tanto el Cambio.

7. Los cambios que buscamos para hacer en nuestras vidas sin la ayuda del Espíritu Santo, nunca serán permanentes, poque están basados en nuestro propio trabajo y esfuerzo.

8. No podemos esperar que Dios nos dé gracia y sanidad, cuando no estamos dispuestos a arrepentirnos.

9. Crecimiento no puede pasar sin cambio.

10. Cambio involucraraá ambos movimientos, hacia adelante y hacia atrás, siempre con nuestros ojos fijados en la meta de llegar a ser como Cristo.

11. La entrada al Proceso de Cambio es protegida desde adentro, por la persona, y es ésta persona la que deberá abrir la puerta desde adentro. No puede ser forzada a abrirse.

12. El Cambio deberá ser escogido, algunas veces con luchas.

13. El Cambio viene como resultado de Entrenamiento, no como resultado de tratar simplemente, usando las mismas herramientas que hemos usado en el pasado.

14. El Cambio es un proceso. Toma tiempo. Lo que tomó años en derribarse requerirá una temporada de duro trabajo para redimir, reparar y restaurar

15. Esto tomará mantenimiento intencional para que el cambio permanezca.

© dg/atg

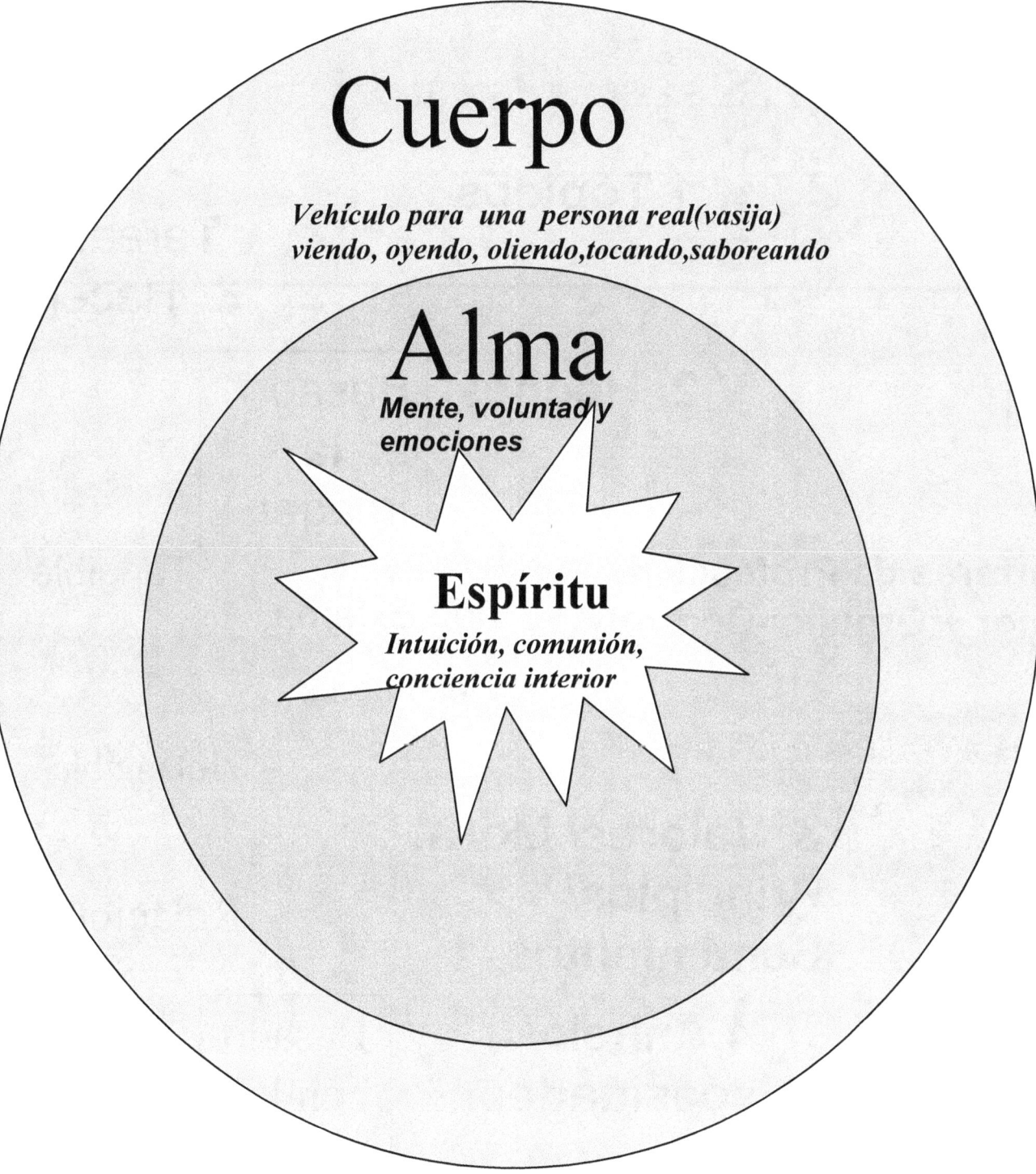

NIVELES DE COMUNICACION

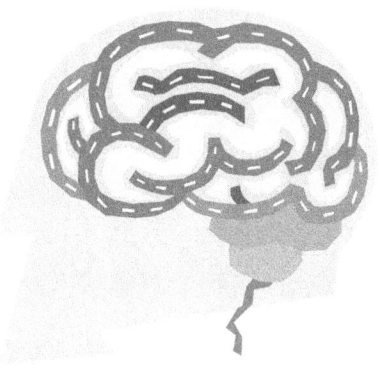

1. Tópicos

Tareas & Hacer

CI   **2. Hechos**   Basado en la Imagen

Tangible

**Barreras de Protección
(Temor + Orgullo=Control)**   Vida Externa

Vida Interna

Intangible

**3. Valores/ Moral
Principios/
Sentimientos**

Relaciones & Ser

CE

**4. Anhelo/
Necesidades**   Basado en la verdad

CI&CE   **5. Temores**   Basado Obediencia y Confianza

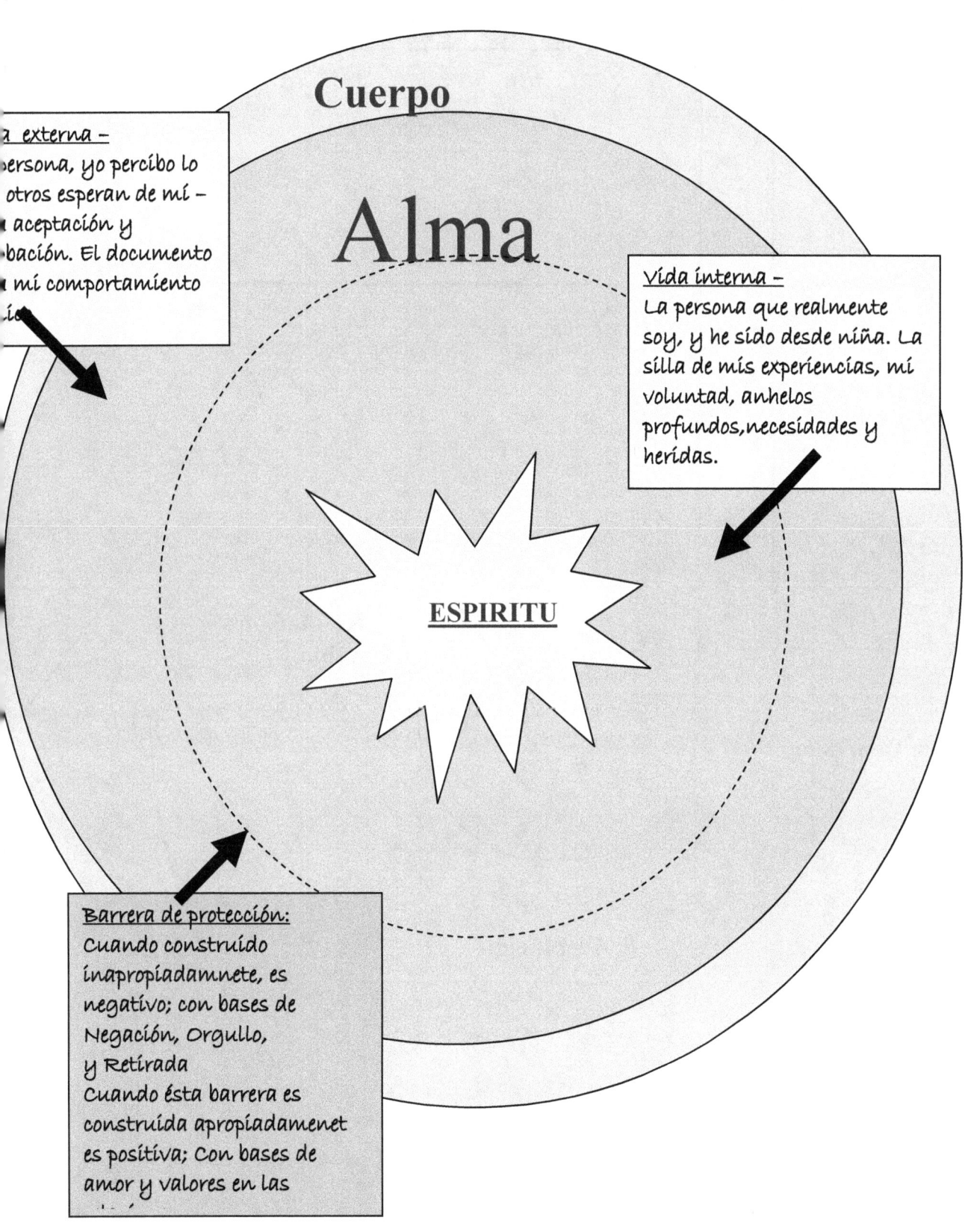

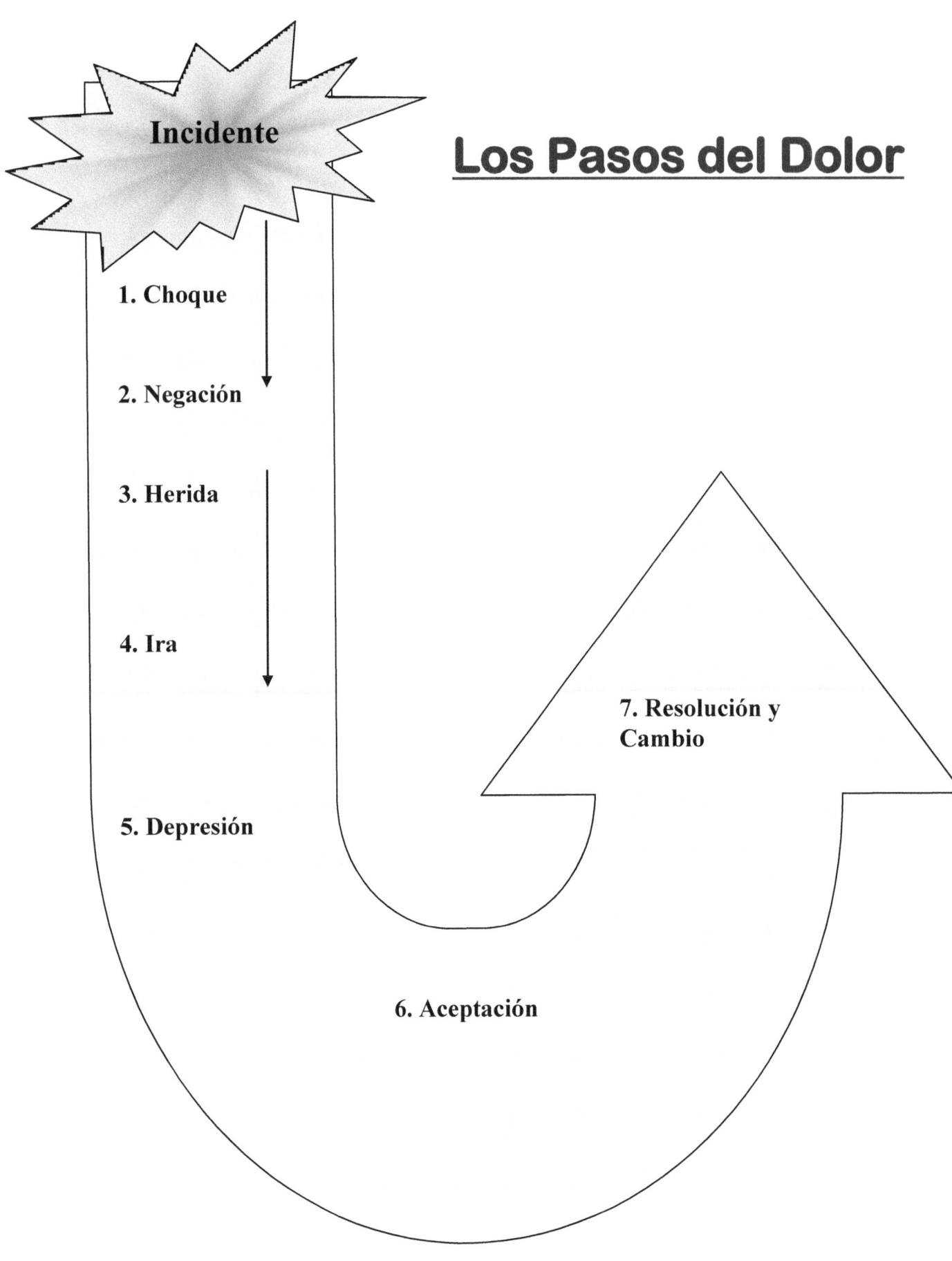

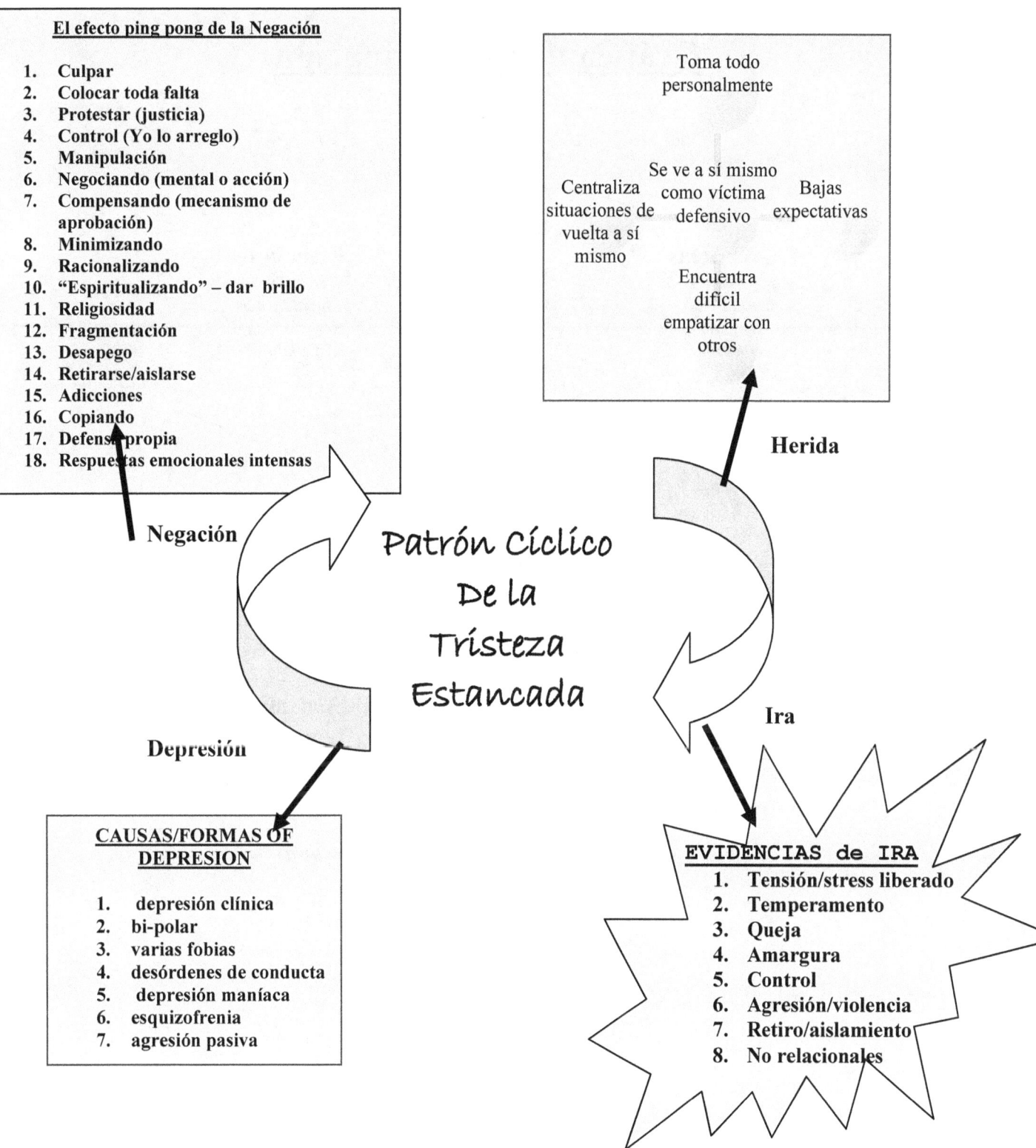

Gráfica de Determinación

1.Creencias
Lo que creemos de como la vida trabaja mientras se relaciona con nosotros.

2.Elecciones
Percepciones y evaluaciones de como la vida trabaja

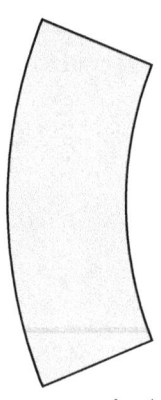
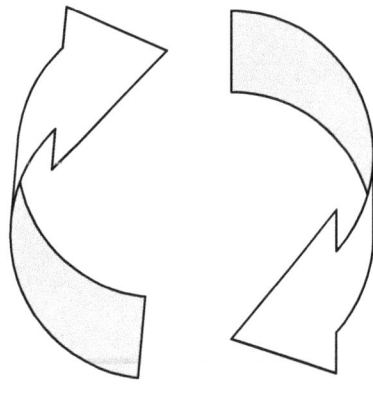
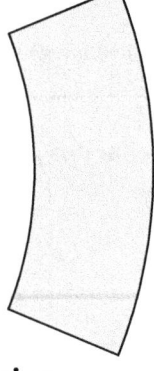

4. Acciones
Lo que hacemos, hacia lo que evaluamos ser actual y verdad.

3.Sentimientos
Lo que nuestro ser interior nos dice es verdad en cuanto a la dirección de nuestra vida

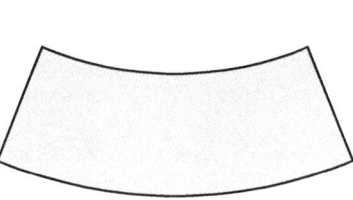

©atg/dcg

Sesión Tres – Tarea

1. Continúe trabajando en la lista de las experiencias de su vida con figuras de autoridad, usando sus fotos personales para estimular su memoria.

   Haga una lista de los puntos destacados contando su historia…. No use cantidad de detalles a menos que ud sienta será de ayuda para colocarlo en la hoja. Algunas veces, si ud tiene memorias que traen dolor a su mente, es bueno recordar el detalle – eso ayudará cuando estemos caminando en el proceso de sanidad más tarde.

   Nota: No esté preocupada si recuerdos dolorosos vienen a su mente… Esto usualmente es que las instancias en nuestras vidas que nos han causado más dolor tienden a salir a la superficie – ellos nos dan claves de donde y cuando nuestro desarrollo emocional se redujo o se detuvo.

2. Por favor continúe leyendo el primer libro recomendado, y tome notas en otra hoja de papel de áreas donde ud se identifica con la historia de María Magdalena. Si ud ha terminado este libro, otro libro suplementario de su escogencia.

3. Por favor memorice el verso de la escritura: Isaías 41:10-13.

   "No temas, porque yo estoy contigo; no desmayes porque yo soy tu Dios que te esfuerzo; siempre te ayudaré, siempre te sustentaré con la diestra de mi justicia. He aquí que todos los que se enojan contra ti serán avergonzados y confundidos; serán como nada y perecerán los que contienden contigo. Buscarás a los que contienden contigo, y no los hallarás; serán como nada, y como cosa que no es, aquellos que te hacen la guerra. Porque yo Jehová soy tu Dios, quien te sostiene de tu mano derecha, y te dice: No temas, yo te ayudo."

4. Por favor tome tiempo para leer Efesios, capítulos uno y dos cada noche de ésta semana, preferiblemente al acostarse.

Sesión Tres –
Diario de Descubrimiento

Asignación #3
Identificando los Atributos de Dios, Parte 3

Mientras continuamos el viaje hacia la totalidad del alma, tome unos pocos momentos para terminar la segunda mitad del diario de ejercicios de la sesión uno. Para repasar, para algunas mujeres, es difícil acercarse a Dios del todo, porque El es presentado como figura de autoridad masculina. Muchas de nosotras tratamos con imágenes rotas de la autoridad masculina, hombres terrenales han distorsionado al Padre en nuestras vidas. Para algunas de nosotras, la palabra "padre" es una palabra sucia. Para algunas, esto llama imágenes de abuso y dureza. Cualquiera sea la respuesta a la palabra "padre", cada una de nosotras tiene áreas donde el correcto entendimiento de la autoridad masculina ha sido alterada del plan original del Creador. Así que, mientras empezamos este proceso de sanidad, es importante que tengamos una comprensión sin filtro de con quién exactamente estamos tratando, cuando nos acercamos a DiosPadre.

En cada vida existe un filtro, creado por nuestras percepciones e impresiones en edad temprana de desarrollo. En este ministerio, nos referimos a este filtro como el "filtro del padre". Por definición, esto significa, que cada persona en el planeta filtra sus percepciones de su Padre Celestial, a través de la percepción de su padre terrenal. Y, por consiguiente, lo que percibimos ser normal cuando niños, llega a ser las bases de como nos acercamos a la vida como adultos.

Utilizando las siguientes escrituras, por favor trabaje en el segmento final de nuestro primer paso en descubrir los atributos y naturaleza de Dios Padre dado por nuestro entendimiento de la Palabra.

Escritura	Atributo

Isaías 57:15 – "Porque así dijo el Alto y Sublime, el que habita la eternidad, y cuyo nombre es el Santo: yo habito en la altura y la santidad, y con el quebrantado y humilde de espíritu, para hacer vivir el espíritu de los humildes, y para vivificar el corazón de los quebrantados."

Hebreos 8:10-12

Salmos 119:11-12

Proverbios 14:12/ Proverbios 16:25 -- "Hay camino que al hombre le parece derecho ; pero su fin es camino e muerte."

Salmos 34:4-7

I Juan 5:14-15 – "Y ésta es la confianza que tenemos en El, que si pedimos alguna cosa conforme a su voluntad, El nos oye. Y si sabemos que El nos oye en cualquier cosa que pidamos, sabemos que tenemos las peticiones que le hayamos hecho."

Salmos 23

Ecritura	Atributo

Gálatas 4:4-7 – "Pero cuando vino el cumplimiento del tiempo, Dios envió a su Hijo, nacido de mujer y nacido bajo la ley para que redimiese a los que estaban bajo la ley, a fin de que recibiésemos la adopción de hijos. Y por cuanto sois hijos, Dios envió a vuestros corazones el Espíritu de su Hijo, el cual clama: !Abba Padre!. Así que ya no eres esclavo, sino hijo; y si hijo, también heredero de Dios por medio de Cristo."

Romanos 8:15-16

Hebreos 4:16 – "Acerquémonos, pues, confiadamente al trono de la gracia, para alcanzar misericordia y hallar gracia para el oportuno socorro."

Mateo 18:1-4

Por favor utilice estas páginas de notas mientras escucha la lectura grabada para la Sesión Cuatro.

Ruth y Nohemí – El Viaje de Sanidad
Sesión cuatro – "Decepciones y Mentiras"

I Timoteo 2:14

Cómo sucede el engaño?

Génesis 3:1-8

1. Eva escuchó la mentira.

   Romanos 1:20-23

Ella reemplazó la identidad en su mente

(parte de lo que el Padre tenía destinado para que ella llegara a ser)

2. Ella decidió servir a la mentira
   Romanos 6:14-18

La mentira llego a ser su fuente
(ella encontró un atajo para ser como Dios)

3. Ella se engaño a sí misma, creyendo que la mentira era verdad.

   II Corintios 11:3-4

La mentira llegó a ser su standart para su comportamiento.

4. Ella comió la fruta – y vino a ser parte de su ser. Ella lo aceptó. Lo compartió con los que amaba. Esto trajo cambio a él y a todas las generaciones futuras. Esto también impidió crecimiento y cambio
   Colosenses 2:6-8

La mentira la ató a percepciones en todas las áreas de su vida; interna y externa; física, emocional, y espiritual.

5. Racionalización entonces sigue, Porque esto normaliza nuestro comportamiento en lugar de la Palabra de Dios

Lo que está pasando alrededor nuestro el standard de nuestras creencias y entendimiento de cómo la vida trabaja. Nosotros comparamos nuestras vidas y experiencias con las experiencias de otra gente, y llegamos a ser pasivos y auto-consumidos.

© atg/dcg

Cuáles son los pasos para salir de esto?

1. Mire su vida. Acepte quien es ud, y dónde está estancado.

2. Arrepiéntase. Tome la decisión de dar vuelta, persiguiendo el cambio.

3. Pida al Espíritu Santo que lo ayude. Pídale que abra sus ojos. Efesisos. 1:16-18

4. Mientras El abre sus ojos, El le mostrará las mentiras que ha aceptado como verdad. El también traerá a memoria las circunstancias donde la percepción fué hecha.

5. Cuando El lo haga, no lo niegue, no argumente con esto. Enfréntelo. Recuerde que la negación y el estar en círculo es lo que da poder al dolor.

6. Arrepiéntase por aceptar la mentira.

7. Rompa el poder que la mentira ha tenido en su mente, renuncie a ella. Derribe las fortalezas, aplicando la Sangre y el Nombre de Cristo Jesús.

8. Perdone a los que lo han herido, o a quienes lo instigaron a aceptar esas percepciones.

9. Aplique la Palabra de Dios, que es verdad; batallando en su mente en contra de procesos de pensamiento y mecanismos seguros que ud ha permitido que lo aten a la opresión. Esto tomará tiempo, y repetición intencional.

10. Encuentre un amigo seguro con el que ud pueda compartir las luchas que está teniendo, y comparta mutuamente lo que el Padre está haciendo en su vida.

11. No espere que su vida en Jesús vaya como la teoría del Big Bang (evento tras evento y experiencia tras experiencia). La vida en Jesús es un viaje de Día tras Día, y toma tiempo. II Corintios 3:18

12. Continúe repitiendo este patrón para su desarrollo y sanidad, hasta que ud esté completo.

© atg/dcg

© atg/dcg

Mentiras que nos atan a la Opresión

La Mentira: "Dios espera que yo haga las cosas perfectamente."

    La Verdad :   Gálatas 3:3
                    II Cor. 12:9
                    Salm 18:32

La Mentira: "Yo necesito mantener un ambiente perfecto."
La Verdad: II Samuel 22:33

La Mentira: "Yo debo complacer a todos; debo mantenerlos felices."
La Verdad: Colosenses 2:6-8

La Mentira: "Necesito la aprobación de todos."
La Verdad: Gálatas 1:10

La Mentira: "Yo necesito ser como los demás para estar en lo correcto."
La Verdad: II Corintios 10:12

La Mentira: "Yo debo defenderme, o nadie lo hará por mí.."
    La Verdad: Salm 31:15
                    Salm 91:1-3
                    Salm 119:114

La Mentira: "Debo crear un lugar para mí."
La Verdad: Proverbios 18:16

La Mentira: "Relaciones cercanas con otra gente es peligroso."

    La Verdad: Ecl. 4:9-12
Proverbios 27:9-10;
Proverbios 18:24

La Mentira: "Ser vulnerable es inseguro. No puedo contar a nadie mis luchas"

    La Verdad: Santiago 5:16
                    Efe. 4:13-15

La Mentira: "Yo estoy Fuera. No pertenezco."
La Verdad: Efesios 1:3-12

La Mentira: "Yo debo ganar mi lugar."

    La Verdad: II Timoteo 1:9
                    Tito 3:5-7

La Mentira: "Lo que yo hago determina mi valor."

    La Verdad: Mat. 10:26-31
Lucas 12:6-7
Efesios 2:8-10
Salm 139:14-18

La Mentira: "Dios no quiere hablarme."
    La Verdad: Juan 16:12-15

La Mentira: "Yo debo tomar la culpa para que haya paz en mis relaciones."

    La Verdad: Gálatas 6:5

La Mentira: "Amor y expresión sexual es la misma cosa.."

    La Verdad: I Tes. 4:3-8
I Corintios 13

La Mentira: "Conflicto siempre es malo."

    La Verdad: Efesios 6:12

La Mentira: "No puedo confiar en nadie más de corazón."

    La Verdad: Efesios 5:21
I Cor. 13:4-7

La Mentira: "Yo debo hacer las cosas a mi manera."

    La Verdad: I Pedro 3:8-9

La Mentira: "Respeto y temor es la misma cosa. Yo debo temer la autoridad."
    La Verdad: II Timoteo 1:7
Romanos 8:15-17

La Mentira: "Debo proteger mis propios intereses para ser oído y estar seguro."
La Verdad: Filipenses 2:3-4, I Pedro 4:8-11

La Mentira: "Debo estar al control para ser oído y estar seguro."
La Verdad: Deut. 30:6

La Mentira: "Cuando las cosas van mal Dios no me acepta. Hay algo mal en mí."
La Verdad: Efesios 2:4-7
Hebreos 4:14-16

La Mentira: "Es muy tarde para mi cambiar. Mucho ha pasado."
La Verdad: Hebreos 12:1-2

La Mentira: "La Ira es mi fortalecimiento para hablar y ser oída."
La Verdad: Efe. 4:26-27
Santiago 1:19

La Mentira: "El alcohol me hará sentir mejor."
La Verdad: Proverbios 23:29-32

La Mentira: "El dolor es parte de la intimidad. Intimidad debe ser evitada para estar segura."
La Verdad: Juan 15:4-8
Heb. 10:24-25

La Mentira: "Debo hacerlo a mi manera.."

La Verdad: Salm 138:7-8

La Mentira: "Mis sentimientos determinan la verdad para mí."
La Verdad: Filipenses 4:8

La Mentira: "Mis percepciones y experiencias determinan la verdad."
La Verdad: Fil. 1:9-11
Salm 51:6

La Mentira: "Cuando la gente no está de acuerdo conmigo, no me aman."
La Verdad: Proverbios 11:3
Proverbios 17:9
Proverbios 27:6

La Mentira: "Dios es perverso, y yo debo ganar su amor."

La Verdad: Salm 103:8-14

La Mentira: "Las cosas malas que pasan en mi vida son indicación de la voluntad de Dios para mí."

La Verdad: Jer. 29:11-13
II Samuel 22:3
_____

La Mentira: *"Yo necesito proteger mis propios intereses."*
La Verdad: Salm 5:11
_____

La Mentira: *"Cuando las cosas no van bien para mí, yo no tengo la aprobación ni la aceptación de Dios."*
La Verdad: Santiago 1:2-4
_____

La Mentira: *"A Dios le gusta más otra gente que yo. El debe tener favoritos."*
La Verdad: Romanos 2:11

_____

La Mentira: *"La vida no puede ser mejor que esto. Estoy estancada."*

La Verdad: Romanos 8:28
Jer. 29:11-13
_____

Cuatro soportes de la Personalidad

- **Voz**

- **Comunidad**

- **Relación**

- **Fortalecimiento**

Sesión Cuatro – Tarea

1. Por favor continúe leyendo el primer libro recomendado: "Viaje" por Debbye Graafsma. Mientras ud lee, tome notas de las áreas de dolor donde ud se identifica con la experiencia de María Magdalena en el libro. Si ud ha terminado este libro, otro libro suplementario de su escogencia.

2. Por favor complete las hojas de trabajo de esta sesión en las siguientes páginas.

3. Por favor memorize la escritura Isaías 54:17.

"Ningún arma forjada contra tí prosperará, y condenarás toda lengua que se levante contra tí en juicio. Esta es la herencia de los siervos de Jehová, y su salvación de mí vendrá, dijo Jehová."

4. Por favor tome tiempo también para leer Efesios, capítulos tres y cuatro todos los días de la semana, preferiblemente al acostarse.

Sesión Cuatro - Diario de Descubrimiento

Asignación #4
Descubriendo mi relación con Abba

1. Mirando los atributos que ud descubrió en las tareas de las sesiones uno a la tres, tome unos momentos para considerar cada uno. Cuáles escrituras le ministraron más profundamente? Cuáles atributos de Abba Padre, le atrayeron específicamente de estas escrituras?

2. Transfiera estos atributos a ésta página, haciendo una lista.

3. Muchas veces, por falta de identidad en la formación, no somos capaces de relacionarnos con Dios como Padre, o ni siquiera con el prometido. Algunas veces, por causa de relaciones negativas y confianza rota, nos encontramos incapaces de relacionarnos con Dios sobre la base de una relación. Llega a ser difícil para el corazón agarrar la plenitud de su interminable amor y cuidado por nosotros. Con qué representación de Dios puede ud relacionarse, para separar su entendimiento de la naturaleza de Dios, de las otras figuras de autoridad en su vida hasta este punto ? Aquí hay algunas sugerencias.

El es:
    Nuestro Padre
    Nuestro Prometido
    Nuestro Pastor
    Nuestro Protector
    Nuestro Socorro
    Nuestro Rey
    Nuestro Amo y Señor
    Nuestro Defensor (El nos defiende de otros)
    Nuestro Viñador

El es:
    La luz del mundo
    El Standard
    El Jefe
    Nuestro Superhéroe
    Consolador
    Guía
    Amigo
    Refugio
    Amante de tu alma
    Guardador

Trate de escoger una representación de Su naturaleza, para experimentar una fresca y positiva impresión en su vida interior. Luego, utilice la página siguiente, y escriba la descripción de su nuevo entendimiento o, de lo que Jesús es para su vida, en la actualidad. Esta descripción de Jesús necesita ser una combinación de todos los atributos que la tocaron profundamente – Cuando ud piensa en la naturaleza de Jesús, que partes de Su naturaleza traen profunda emoción? Qué causa esperanza? Esta cosas necesitan estar incorporadas en su descripción. Esta descripción llegará a ser una herramienta en el proceso de crecimiento donde ud volverá una y otra vez.

<u>Nota:</u> Transformación no solo pasa en nosotros – hay intención y duro trabajo que atender. Este será probablemente un ejercicio difícil, pero es la clave que determinará cuantas puertas de crecimiento pueden ser abiertas en su vida más tarde. Así que empuje hasta el final, conecte, y escoja seguir adelante en su vida espiritual.

Mi Descripción

Jesús es mi _____

Imprimiendo descripción, continuada

Imprimiendo descripción, continuada

Por favor utilice estas páginas de notas mientras escucha la lectura grabada para la Sesión Cinco.

Ruth y Nohemí – El Viaje de Sanidad
Sesión cinco – "Todo anudado"

Mi Descripción

Jesús es mi _____

Qué nos detiene de crecer en nuestra vida emocional?

La Verdad acerca de Lazos que nos Atan.

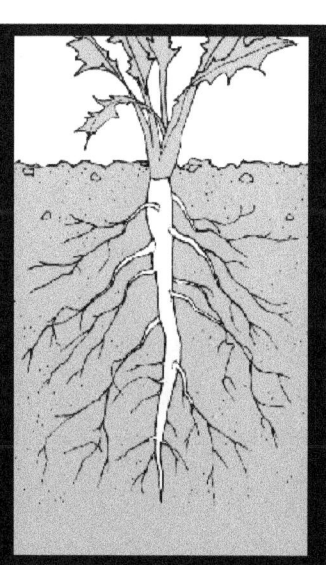

Qué permite el Acceso Legal al Enemigo

Aquí hay algunas formas en que podemos dar acceso legal al enemigo en nuestras vidas. Haciendo esto, reducimos nuestra habilidad de discernir y completar nuestra guerra espiritual.

Inmoralidad, pecado, desobediencia.
Manteniendo una actitud de corazón de dejar de lado la obediencia
Egoísmo.
Un espíritu crítico.
Hablar en forma nociva en contra de otra gente, especialmente liderazgo y aquellos en autoridad.
No ser consciente de las formas y características de Satanás.
No saber la palabra de Dios y los propósitos del Padre.
No seguir persistentemente en oración y adoración.
Permitir enfocarse espiritualmente en una sola cosa hasta el deterioro.
Mirando el problema en lugar del Señor Jesús.
Perder prioridades en la vida diaria.
Maldiciendo a otros o a situaciones
Ira/violencia/odio.
Pecados y enfermedades generacionales.
Fatiga, abatimiento.
Hacer en lugar de Ser.
Cobertura inadecuada de oración.
No pasar tiempo con el Señor.
Viniendo a ser descuidado y pasivo.
Excusando o racionalizando el pecado.

Muchas veces, puede haber un ataque que es prolongado, y ud siente que está siendo fiel en la Palabra y oración. Esté consciente, también, en estos tiempos, que una de las formas del enemigo es que ud se sienta inadecuado en la oración, y así ud parará de orar.

Nadie va a ser suficientemente bueno en sí mismo. Nuestra suficiencia está en Cristo Jesús.

Cuando este tipo de ataque venga, la única solución es correr al Fuerte de la Palabra de Dios. Renueve su mente, memorizando versículos concernientes a las áreas que están bajo ataque.

Fortalezas Espirituales

1. Maldiciones Generacionales –   (Exodo 20:5, Exodo 34:7, Deuteronomio 5:9)

Maldiciones son prometidas por pecado en estas áreas (ver Deuteronomio 27 y 28)
Idolatría, desonestidad, engaño, deshonra a los padres, crueldad a los indefensos, pecados sexuales, dejar a un lado la ley.

Al grado que obedecemos al Padre, permitamos al Espíritu Santo renovar nuestra mente a través de su Palabra.- a ese grado, podemos vencer los esfuerzos de Satanás por atraparnos. (Mateo 16:22-23) Ore hasta que sienta algún cambio en el reino espiritual. No se rinda si ésta batalla se torna difícil.

2. Ataduras --   (Gálatas 5:1)

a. **Falta de perdón** -- Compare la injusticia que ud ha sufrido en contra de su propia injusticia hacia Padre Dios. (Ver Mateo 6:14, y Efesios 4:31-32)

Renuncie a la ira y al resentimiento. Renuncie al deseo de mantener la herida abierta en su corazón reviviendo el problema continuamente. Tome la decisión de perdonar, perdonar empieza en la voluntad. Deje ir toda auto-motivación de, (auto conmiseración, depresión… etc.)

b. **Tristeza y Auto Conmiseración** –Reconozca que esto no sana. Solo la sangre de Jesús puede sanar y hacerlo libre.

Tratar con tristeza es un proceso. Mientra ud llega a estar consciente de la fuente de sus perspectivas negativas, déselas al Espíritu Santo, y permítale a El sanarla. Deje ir su derecho de estar en el derecho de guardar la herida y el dolor. El liquidará las cuentas. (Ver Proverbios 15:3, Proverbios 17:22, Isaías 61:3)

c. Adicciones – La definición de Webster " devoto o rendido a algo (o alguien) obsesivamente"

Adicciones son :   formas de idolatría espiritual
Falsas barreras entre el adicto y Dios
Prevenciones de obedecer a Dios Padre
Una demanda de atención
Una forma de pecar para perpetuarse a sí mismo

Adicciones tiene una base espiritual. Ellas son reflejos directos de una vida de ataduras y rebelión. Ellas son pecado, y se debe arrepentir de ellas. Una adicción es realmente una mala dirección de adoración. Algunas veces, puede tener sus raíces en semillas de impresiones emocionales en la vida de una persona.

d. **Rechazo y Autoestima Negativa** -- una persona necesita afirmación continuamente (más de lo normal), y debe alimentarse así misma, para poder sentirse aceptada en cualquier grado. Rechazo tiene una base espiritual, usualmente en el pasado del individuo, y recuerdos han formado un tipo de molde de personalidad a seguir. (ver Proverbios 15:4, Proverbios 18:21)

Ore por una revelación de conocimiento del amor de Padre Dios para penetrar la barrera de rechazo. Ver Romanos 8:35-39, e Isaías 54:17) También, un ministerio más profundo, como "Nuevos Horizontes," puede equipar a la persona para una vida Cristiana victoriosa.

c. **Comportamiento Sexual Inmoral** – Un apetito por perversión
(Ver I Corintios 6:16-18, Romanos 6:23) Muerte viene en tres formas –física emocional y espiritual.

e. **Espiritus de Muerte** – tanto afuera como adentro. Este es un espíritu asesino hacia otros – suicida cuando es hacia adentro (Ver Salmos 118:17-19, e Isaías 38:18-19)

f. **Involucramiento en lo Oculto** –Todo lo relacionado con lo oculto (Deuteronomio 18 y 19) astrología, lectura de horóscopo, lectura de la mano, tablas Ouija, cartas tarot, sesiones espiritistas, contador de fortuna, brujería, adivinación, hechicería, magia, piezas hechizadas, piezas maléficas, vudú, sociedades secretas, etc.) Aún cuando ud no lo toma en serio, los espíritus si.

Algunas veces, una persona puede tener algo en su posesión inocentemente, eso es abominación al Señor, y no lo sabe. Busque a Dios en oración, y pregunte al Señor que le muestre cuarto por cuarto lo que ud necesita " limpiar " en su casa. (Buenos ejemplos: máscaras de las indias occidentales o Africa, material de mitología griega, objetos de tribus Indias Americanas, cualquier cosa de deidades de "otras religiones") Ver Deuteronomio 7:25

Sesión Cinco – Tarea

1. Por favor continue leyendo su libro de lectura asignado. Tome notas de lo que ud está aprendiendo mientras lee. Si es posible, trate de terminar el libro ésta semana.

2. Usando el diario de fotos de su vida que ha desarrollado hasta ahora, trabaje a través de las páginas del cuaderno, acerca de las figuras de autoridad masculina.

3. Por favor complete las hojas de las siguientes páginas. Mientras lo hace, complete las hojas de las siguientes páginas, mantenga la descripción de Dios Padre cerca, y tómelas como referencia a menudo, recordándose de Su naturaleza y carácter. Hay áreas donde ud podrá determinar escoger creer que El es seguro en su cuidado por ud. Mientras ud contempla estas cosas, escriba sus descubrimientos.

4. Por favor lea el libro de 1 de Juan cada noche ésta semana antes de irse a dormir. Antes de que cierre sus ojos, pida al Espíritu Santo que le dé una consciencia más profunda del Dios que está descrito en este capítulo.

5. Por favor memorice Proverbios 31:25, 26 y 30:

    "Fuerza y honor son su vestidura; y se ríe de lo porvenir. Abre su boca con sabiduría, y la ley de clemencia está en su lengua … Engañosa es la gracia, y vana la hermosura; la mujer que teme a Jehová esa será alabada."

6. Por favor revise todos los versículos memorizados ésta semana, asegurándose que los haya memorizado.

Sugerencia: Es una buena idea, cuando esté memorizando versículos, escribirlos en tarjetas y cárguelas con ud durante el día, revisándolas cuando tenga un momento o dos. – Cuando memorice, lea en alto para ud misma, varias veces al día, especialmente antes de irse a dormir en la noche.

Sesión Cinco
Diario de Descubrimiento

Asignación #5
Definiendo Figuras de Autoridad Masculina

1. Antes de que una sanidad o recuperación pueda tomar lugar en la vida, debe haber una confianza establecida con el Sanador. Debe haber confidencia por encima de todo en el amor y una deseada relación de tres. –

    Que Jesús desea tener con ud como su Salvador y Sanador,
    Que el Espíritu Santo desea tener con ud como el Consolador,
    Que el Padre desea tener con ud como Protector

2. Existe un problema de percepciones y filtros de vida, que han sido puestos dentro de la vida a través de impresiones y experiencias, alterando nuestras verdaderas percepciones del ilimitado e incondicional amor de Dios. La única foma de recibir un verdadero entendimiento y perspectiva es permitir que la Palabra de Dios renueve nuestro entendimiento mental de la figura de autoridad que siempre hemos entendido es Dios. Cuando hacemos esto, vamos a un lugar de vida interna, en que la perspectiva de Dios Padre es separada de nuestra concepción de todas las otras autoridades en nuestra vida interna.

3. Y nuestro entendimiento de la Ultima Autoridad, Dios Padre, debe ser separada de nuestros malentendidos que actualmente tenemos acerca de autoridad, antes que podamos realmente relacionarnos con El, con otras personas, o con nosotros mismos, con algún grado de salud y plenitud.

4. Con estos tres puntos en mente, mire el diario que ha hecho de la historia de su vida hasta ahora. mirando a través de las cuentas, marque esos recuerdos relacionados con las figuras de autoridad masculina en su vida. Después, por favor utilice el espacio provisto aquí, para escribir esos recuerdos y percepciones particulares. Usando la columna de la margen izquierda, por favor liste esos incidentes –y cualquier recuerdo adicional que venga a su mente –es importante tenerlos en secuencia. Ud también puede incluir incidentes con figuras de autoridad masculina en el tiempo presente. Escriba instancias que ud recuerda que han traido dolor o cierta percepción. Si ud necesita páginas adicionales, solo añádalas a este folder. Es mejor que sea minucioso en este proceso. Si tiene dificultad en recordar un año o dos, algunas veces este tipo de diario lo ayudará a traer esos recuerdos a la superficie.

Mientras escribe, recuerde: Jesús entiende nuestras debilidades, y sabe exactamente como nos sentimos. El ha sido también rechazado.   (Ver Hebreos 4:15/ Isaías 53:3)

Mientras escribe, recuerde: Jesús fué burlado y golpeado; y fué falsamente acusado. (Ver Lucas 22:63-64, Marcos 14:57-58 y Lucas 23:1-25)

Mientras escribe, recuerde: Jesús fué concebido antes que su madre estuviera casada. El fué separado de Su Padre real, y vivió con su padre terrenal.
(Ver Mateo 1:18 y 23/ Mateo 1:19-25

Ahora, quizás con una compañera de oración, vaya hacia atrás en las expieriencias que ha escrito, y, utilizando la columna de la mano derecha, escriba las percepciones y determinaciones que ud hizo de como la vida trabaja. Estas determinaciones y percepciones son llamadas también "juicios internos", o "percepciones de vida." Por ejemplo: porque una niña fué violada en contra de su voluntad, ella puede tomar una decisión interna de que todos los hombres están decididos a herirla, así ella inconscientemente decide odiarlos o desconfiar de todos los hombres en general. Trate de traer de las experiencias y sentimientos que ud ha descrito, qué elecciones de impresiones fueron hechas por ud – si consciente o inconscientemente en el momento, concerniente a su relación con figuras de autoridad masculina.

Si hay una actual amenaza que ud ve se está desarrollando en éstas experiencias? Cuál es?

_____

_____

_____

_____

Qué modelos de roles le fueron suministrados a ud en la vida adulta?

_____

_____

_____

_____

Qué ejemplo ud admiró?

_____

_____

_____

Que rol encontró ud odiando?

_____

_____

_____

En qué forma ud ha tratado de negar estos puntos de impresiones en su vida?

_____

_____

_____

_____

_____

Pase tiempo con una compañera de oración, confesando las elecciones que ud ha hecho en su vida hasta este punto basadas en estas percepciones. Pídale que esté de acuerdo con ud, en cortar esos patrones de pensamiento, y formas de pensar que influyen su vida. Arrepiéntase por aislarse o hacer un retiro interior, y pídale al Espíritu Santo que sane su voluntad, y permítase soltar estas ofensas.

Tome la elección de crecer después de estas desiciones internas. Arrepiéntase por creer las mentiras que la condujeron a estos lugares donde ud vino a estar " estancada ". Está bien de sentirse herida por esas experiencias. Cuando ud lo haga, permita a su corazón entristecerse, y comparta lo que está pasando dentro de ud con su compañera de oración. Es una buena idea en este punto rendir al Espíritu Santo su derecho personal de estar herida, porque aferrarse a la herida ha venido a ser parte de su identidad presente .Deje ir las demandas internas de vengarse, o aún recibir una disculpa .Suelte el ajuste de cuentas y póngalas en las manos de Jesús..

Si el dolor es profundo, deberá tomar un tiempo en hacer estas cosas. Estamos apuntando hacia la habilidad de perdonar realmente y dejar ir el pasado. Recuerde, el perdón es una decisión, no un proceso. Sin embargo, viniendo a la sanidad y a la liberación es un proceso, y un viaje de por vida. Sus emociones eventualmente vendrán a estar de acuerdo con su confesión. Esto solo toma tiempo. Permítase tomar este tiempo. El Padre no la está empujando, o demandando de ud. El la ama, y quiere que la sanidad suceda en un nivel profundo, no solo en acciones en la superficie.

Cuando ud haya caminado a través de estas cosas, tome algún tiempo con su compañero de oración, y haga algunas confesiones saludables para su propio crecimiento. Rompa ataduras generacionales, ataduras almáticas, y apegos, que han alimentado esas percepciones en su vida, causando el que ud venga a estar estancada en este lugar de desarrollo. Cuando ud lo haga, el Espíritu Santo le toma su palabra, y El va a trabajar inmediatamente.

Dé gracias al Señor por Su gracia que nos limpia y nos hace libres del pasado. Pídale que desarrolle su corazón para responder a su Presencia, y con salud.

<u>Por favor utilice estas de páginas de notas mientras escucha la lectura grabada de la Sesión Seis.</u>

<u>Ruth y Nohemí – El Viaje de Sanidad</u>
<u>Sesión Seis --La Verdad y el Problema de la Negación</u>

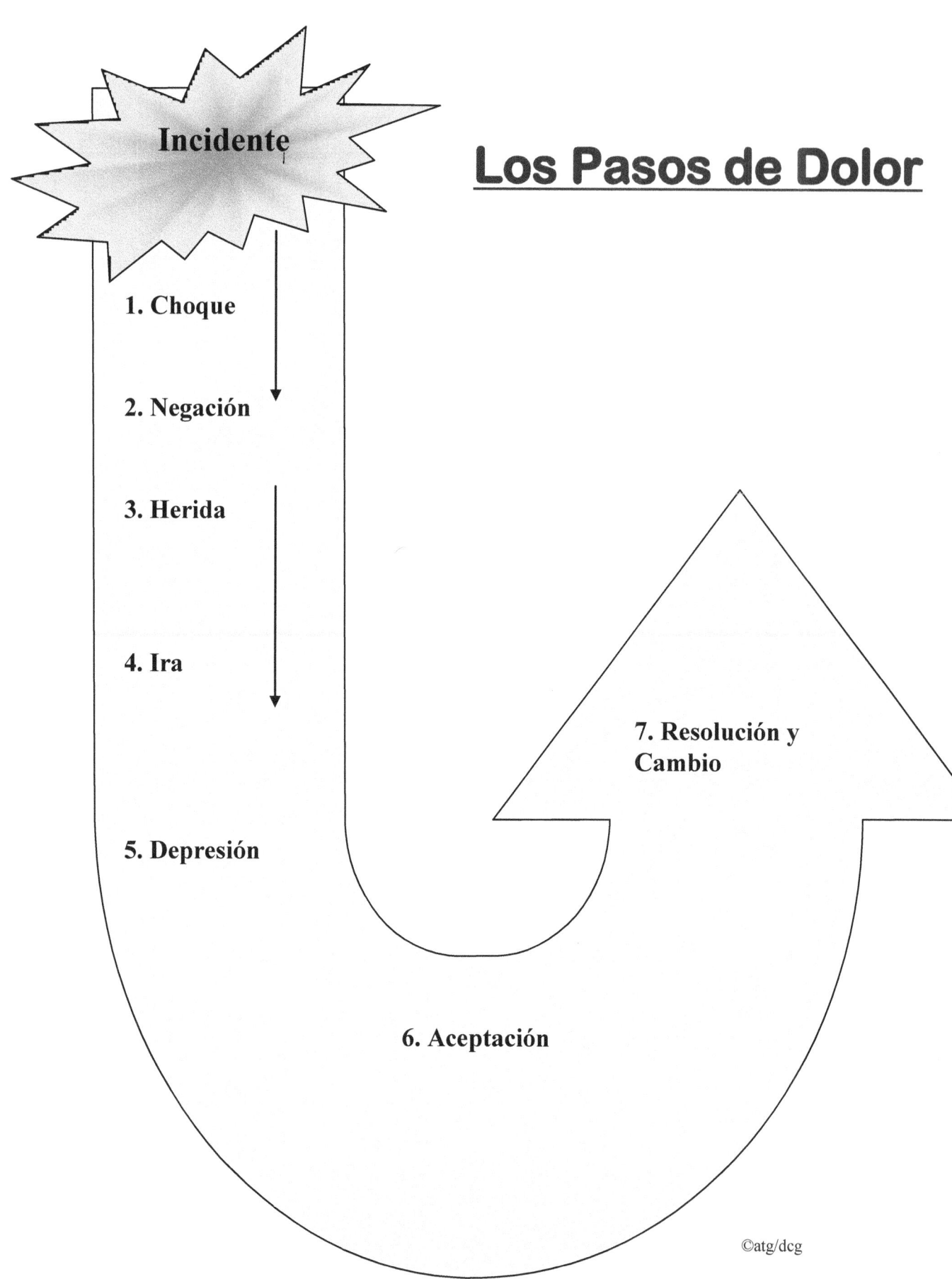

Incidente

Los Pasos de Dolor
la negación de enfoque

1. Choque

2. Negación

1. Culpar
2. Colocar toda falta
3. Protestar (justicia)
4. Control (yo lo arreglo)
5. Negociar (mental o acción)
6. Compensar (mecanismo de aprobación)
7. Minimizar
8. Racionalizar
9. "Espiritualizar" – dar brillo
10. Fragmentación
11. Retirarse/aislarse
12. Adicciones
13. Copiar
14. Defensa propia
15. Religiosidad
16. Escalados arranques de Ira

3. Herida

1. mentalidad de víctima
2. hiper-sensibilidad
3. defensivo
4. bajas expectativas

4. Ira

5. Depresión – una forma es _____

girar _____.

©2005, atg/dcg

Gráfica de Determinación

1. Creencias—

Lo que creemos de como la vida trabaja mientras se relaciona con nosotros.

2. Elecciones --

Percepciones y Evaluaciones de como la vida trabaja

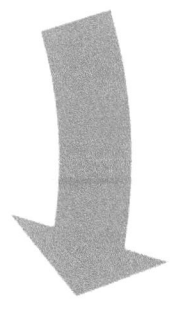

3. Sentimientos –

Lo que nuestro ser interior nos dice es verdad en cuanto a la direccion de nuestra vida

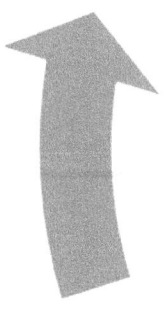

4. Acciones –

Lo que hacemos, hacia lo que evaluamos ser actual y verdad.

©2005, atgdcg

¿Qué es verdad?

Salmos 51:6 Lugar encubierto – palabra hebrea: *catham*,

(significado= dejo de, sellado y secreto)

I Timoteo 1:4-5

I Samuel 28:6

Joel 2:28

Deuteronomio 13:1

Como Exponer y Romper el Poder del Temor

*"Porque Dios no nos ha dado espíritu de temor,
sino de poder, amor y dominio propio"
II Timoteo 1:7*

1. Una situación ocurre, algunas veces traumática, que abre una puerta al temor y atormenta nuestra alma. La circunstancia es o revivida, o represada, dependiendo de la habilidad de la persona de tratar con ésta en el tiempo señalado.

2. La herida permanence abierta en el alma, y continuamente influye elecciones hechas en varias áreas de nuestra vida. Eventualmente, esto envía "corredores"en nuestra alma que son evidenciados como formas de temor.

3. En lugar de tratar con cada atributo de temor, es mejor ir tras el recuerdo, que es el terreno legal que el enemigo ha ganado para atormentar a la persona.

4. Pídale al Espíritu Santo que revele la circunstancia. Arrepiéntase por abrir la puerta al espíritu de temor, y por darle lugar, acomodándolo. Renuncie al agarre legal. Corte los lazos generacionales de temor en la familia, que ha servido para hacerlos más fuete y haber reforzado ésta influencia y la habilidad de regir su vida. Perdonar a los que estuvieron involucrados en exponer a las persona al temor. Suelte el derecho de agarrarse a los atributos del temor como parte de su personalidad. Aplique la sangre de Jesucristo. Unja con aceite, y rompa el yugo de la esclavitud.

Como el Temor se Agarra

"Porque Dios no nos ha dado espíritu de temor, sino de poder, amor y dominio propio."
II Timoteo 1:7

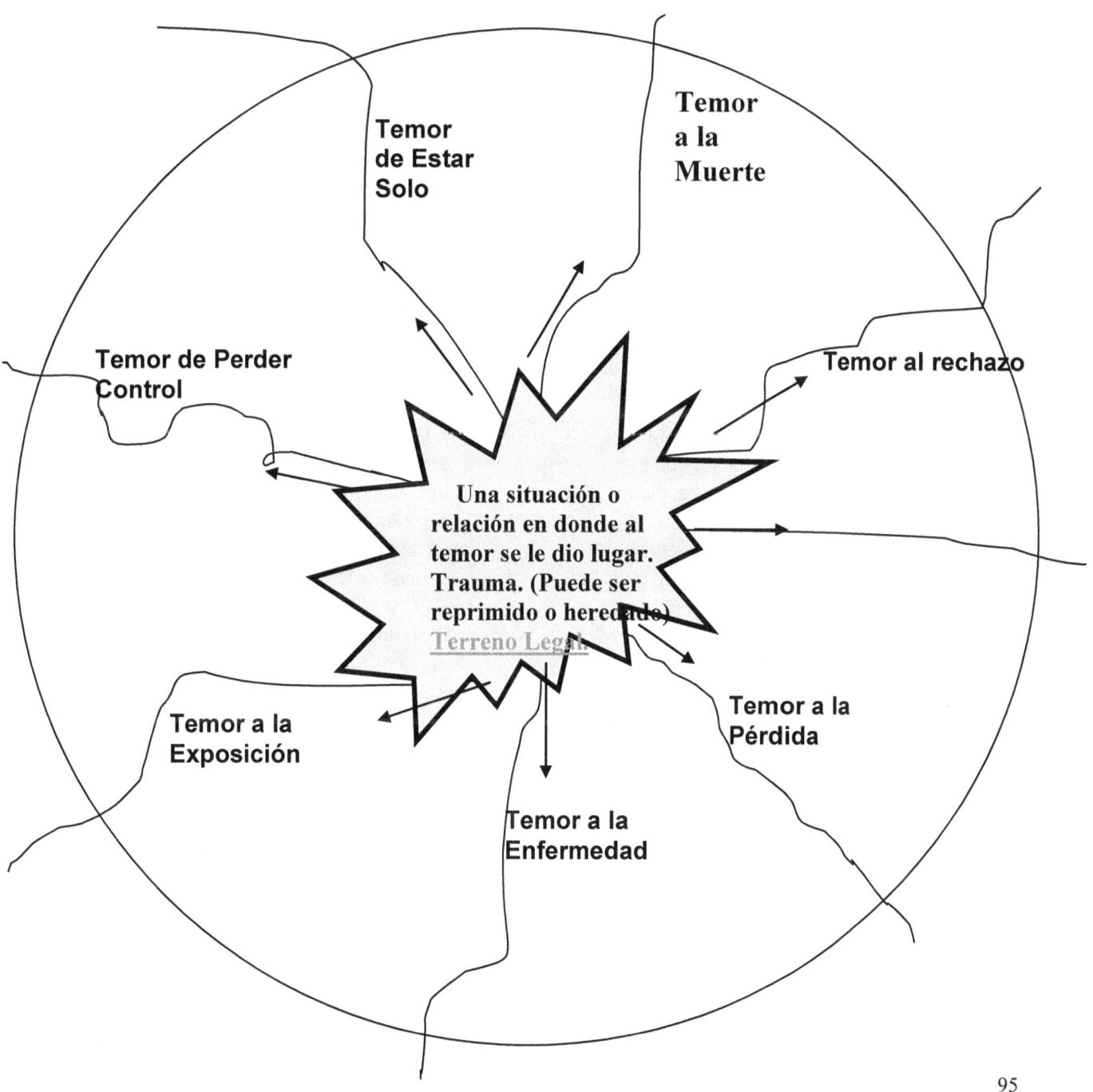

Convicción y Condenación

Convicción
(El trabajo del Espíritu Santo, creando un Desarrollo y crecimiento –produce un deseo de seguir y aprender)

Limpia y hace justo
(crea relaciones correctas)

1. Causa a la persona huir a la presencia de Dios " corre para ver a papá y exponer cosas"

2. Ayuda en el caminar con Dios

   Conocimiento de ser justificado

3. Fracaso y pecado son removidos, para ayudar grandemente en el compañerismo con Dios.

4. Aunque convicción puede causar el sentirse miserable hasta que ore y se arrepienta, es muy específico en su trato- Un caso específico requiere una respuesta específica. Convicción no produce rechazo

Salm 139:23-24. Es el trabajo del Espíritu Santo buscar en su corazón. Ud solo no puede buscar y tratar con todos los asuntos en su vida, y luego presentar lo que ha encontrado a Dios Padre.

Jeremías 17:10
II Corintios 5:17
LIMPIEZA!!
Resultado final = *PAZ*

I Juan 1:9

Condenación
(El trabajo de los subordinados del infierno, creando una sombrilla de rechazo, desaprobación y juicio religioso.)

Se enfoca en debilidades y problemas
(aleja)

1. Impide acercarse a Dios.

   Temor a sus respuestas.

2. Impide compañerismo con Dios

   " El no quiere pasar tiempo conmigo no soy suficientemente bueno ."

3. Mira fracasos como base para no tener derechos al compañerismo con Dios. Sin embargo nunca remueve esos fracasos.

4. Condenación viene sobre todo para aplastar. La persona no siente aprobación solo "malo" y no suficiente. Condenación produce una tendencia a compararse con otros y siempre queda corto.

Romanos 8:1-2. Cristo no opera en condenación, sino en la ley del Espíritu de Vida.
Ephesians 1 –El quiere que caminemos entendiendo su plan y destino para cada una de nuestras vidas

CARGA!!
Resultado final =Culpa/Verguenza

Salm 32:3

COMO SABER QUE VOZ UD ESTA ESCUCHANDO

Hay tres Fuentes de dirección dadas a nosotros en la palabra de Dios. Sea cuidadoso para discernir a través de la oración que voz está ud escuchando.

1. **La voz de Dios Padre hablando a través del Espíritu Santo. Si es su voz,**

    Siempre estará de acuerdo con la palabra- y no solo un verso, sino varios versos o un tema de la escritura, dentro de su contexto. (nunca tomará un verso fuera de contexto para probar un punto- eso crea confusión.)

2. **Su propia voz interna**, trayendo un pensamiento basado en su propia lógica, intelecto, y emociones centradas en sí mismo.

3. **Una voz demoníaca.** El fruto de ésta voz es tormento, temor, condenación y disensión.

Qué hacer si ud está confundido en qué voz está escuchando?

1. *Arrepentirse por abrir una puerta al enemigo.*

2. *Aplicar la sangre de Cristo a sus emociones y pensamientos.*

3. *Atar cada voz que no sea la voz del Espíritu Santo.*

4. *Pedir al Señor que le hable nuevamente.*

5. *Espere por más dirección. Nunca actúe rápido cuando no está seguro.*

6. *Busque el Corazón del Padre.*

Las Necesidades Centrales del Niño

Estos centros anhelos/necesidades debieron ser suplidas durante el desarrollo físico, para que una persona tenga un punto de vista saludable, y un completo sentido de su Condición humana

1. Un ambiente seguro.

2. Un constante refuerzo de su valor personal.

3. Repetidos mensajes de que la persona es valorada, única y especial.

4. Amor y aceptación incondicional .

5. Cuidado Básico y nutrición

6. Estímulo para Crecer –desarrollar dones y talentos personales.

7. Un camino de compañerismo con Dios.

8. Conexión y Pertenecer

9. Sentirse necesitado y útil.

10. Emoción Interna y Cáracter construyendo un destino de realización.

©2005, atg/dcg

Sesión Seis – Tarea

1. Por favor continúe leyendo su libro asignado. Tome notas de lo que está aprendiendo mientras lee. Si es posible, trate de finalizar el libro ésta semana.

2. Usando la foto del diario de su vida que ha desarrollado hasta ahora, trabaje en el cuaderno en las siguientes páginas, acerca de figuras de autoridad femenina. Si llega a estar abrumada, llame a una amiga en que ud confía para orar con ud. Permita a su corazón ser animado en el amor de Dios.

3. Por favor complete las hojas del cuaderno de las siguientes páginas. Mientras lo hace, mantenga cerca la descripción de Dios Padre, y vaya a ésta a menudo, recordándose a sí misma Su naturaleza y carácter. Hay áreas donde ud puede tomar la determinación de escoger creer que El es seguro en su cuidado por ud. Mientras contempla estas cosas, escriba sus descubrimientos.

4. Por favor lea el libro de I Juan cada noche ésta semana antes de ir a dormir. Antes que cierre sus ojos, pida al Espíritu Santo que le dé una apreciación más profunda del Dios que es descrito en este capítulo.

5. Por favor memorice proverbios 31:25, 26 y 30:

    "Fuerza y honor son su vestidura; y se ríe de lo por venir. Abre su boca con sabiduría, y la ley de clemencia está en su lengua. …Engañosa es la gracia, y vana la hermosura; la mujer que teme a Jehová, ésta será alabada."

6. Por favor revise todas sus los versículos memorizados ésta semana, asegurándose que estén impresos en su memoria. Sugerencia: Es Buena idea, cuando memorice la escritura, escribir los versículos en una tarjeta y cárguelos con ud durante el día, revisándolos cuando ud tenga un momento o dos. – Cuando memorice, lea el versículo en voz alta, varias veces cada día, especialmente antes de irse a dormir.

Sesión Seis – Diario de Descubrimiento

Asignación #6
El Poder de las Figuras de Autoridad Femenina

Como mujer, somos diseñadas para ser más emocionales y sensibles que los hombres. Como niñas pequeñas, no solo somos afectadas por el trato y relaciones que compartimos con aquellas figuras de autoridad masculinas en nuestras vidas, sino también, recibimos entrenamiento de aquellos modelos y mentores en nuestras vidas, también conocidas como figuras de autoridad femeninas. De las mujeres en nuestras vidas, hemos aprendido como procesar dolor, como entristecernos, como responder al conflicto, y como sobrevivir en nuestro diario vivir. Hemos aprendido a ver las experiencias de la vida negativamente o como un desafío, produciendo crecimiento positivo. Hemos aprendido como relacionarnos con otras mujeres, como responder a la autoridad masculina, como ver niños, y como vernos a nosotros mismos. El rol de autoridad femenina es muy poderoso en nuestras vidas.

Y tristemente, aún si hemos tenido una vista positiva de autoridad masculina, es posible haber procesado negativamente en nuestras vidas, debido al hecho que es la madre quien interpreta los motivos y acciones del padre, especialmente si el padre no es comunicativo, o afectuoso. Con esto en mente, por favor tome un momento para revisar las instrucciones al comienzo de la asignación número uno. Ahora, con esos puntos de ministerio en mente, por favor utilice el espacio dado aquí, para escribir recuerdos y percepciones que ud tiene actualmente acerca de autoridad femenina. Usando la columna de la mano izquierda, por favor liste y refiera todas las autoridades femeninas- presentes y pasadas. Escriba instancias que ud recuerda trajeron dolor o cierta percepción, así como el resultado de ésta experiencia en su vida. Usualmente, nuestras dificultades como mujeres con autoridad femenina, tristemente tiene que ver con sentimientos dominantes o controlados. Quizás hubo falta del vínculo madre/hija en su vida, y ud nunca ha aprendido a relacionarse con otras mujeres como amigas seguras y saludables. Escriba esas instancias aquí.

Mientras escribe, recuerde: Jesús entiende nuestras debilidades, y sabe exactamente como nos sentimos. El no fué bien recibido por su familia terrenal. (Vea Hebreos 4:15/ Juan 7:1-5)

Mientras escribe, recuerde: a Jesús sus acusadores lo mantuvieron de pie toda la noche. El fué azotado y golpeado. El fué odiado sin razón. (Vea Lucas 24:45-53/ Mateo 26:67/ Juan 15:24-25

Mientras escribe, recuerde: Jesús fué abandonado por Su Padre real, así por siempre el Padre pudo mirar a través de los ojos de Jesús para verlo a ud en su tiempo de necesidad. (Vea Mateo 27:45-46, y Marcos 15:33-34)

Ahora, quizás con una compañera de oración, vaya hacia atrás a las experiencias que ha listado, y, utilizando la columna de la mano derecha, vea si puede decir de dónde han venido algunos de los patrones de pensamientos de como la vida trabaja – a veces los llamamos "juicios internos," o " percepciones de vida." Por ejemplo: porque una niña fué violada en contra de su voluntad, ella puede tomar una decisión interna de que todas las mujeres están para herirla, inconscientemente decide odiar o desconfiar de todas las mujeres en general. Trate de traer de las experiencias y sentimientos que ud ha listado, cuáles elecciones ud hizo- consciente o inconscientemente en el momento, con relación a figuras de autoridad femenina.

Si hay una actual amenaza que ud ve está comenzando a salir en estas experiencias? Cuál es?

_____

_____
_____
_____

Qué roles de modelos le fueron dados en su vida de adulto?

_____
_____
_____
_____

Qué ejemplos ud admiró?

_____
_____
_____

Qué rol ud encontró odiando?

_____

_____

_____

En qué formas ud ha tratado de negar estos puntos de impresiones en su vida?

_____

_____

_____

_____

_____

Pase tiempo con una compañera de oración, confiese las elecciones que ud ha hecho en su vida hasta este punto basada en estas percpciones. Pídale estar de acuerdo con ud, en cortar esos patrones y tendencias de pensamiento, que influyen su vida. Arrepiéntase de retirarse o aislarse internamente, y pida al Espíritu Santo que sane su voluntad, y que la habilite para soltar estas ofensas.

Tome la elección de crecer, pasadas estas decisiones internas. Arrepiéntase por creer las mentiras que la condujeron a esos lugares donde ud se " estancó." Está bien sentirse dolida por esas experiencias. Cuando ud lo haga, permita a su corazón entristecerse, y comparta lo que está sucediendo dentro de ud con su compañera de oración. Es buena idea en este punto, rendir al Espíritu Santo su derecho personal de estar herida , porque el mantener la herida ha venido a ser parte de su identidad presente. Deje ir la demanda interna de vengarse, o aún de recibir una disculpa. Suelte el ajuste de cuentas al Señor Jesus.

Si el dolor es profundo, puede tomar un tiempo el hacer estas cosas. Estamos dirigidas a la habilidad de realmente perdonar y dejar ir el pasado. Recuerde, perdonar es una decisión, no un proceso. Sin embargo, venir a la sanidad y soltar , es un proceso y un viaje de la vida. Sus emociones van a estar eventualmente de acuerdo con su confesión. Esto toma tiempo. Permítase tomar ese tiempo. El Padre no la está presionando, ni demandando. El la ama, y quiere ver que la sanidad suceda en un nivel profundo, no solo en la superficie de sus acciones.

Cuando haya caminado a través de estas cosas, tome algún tiempo con su compañera de oración, y haga confesiones saludables para su propio crecimiento. Rompa lazos generacionales, y apegos, que han alimentado esas percepciones en su vida, causando el estar estancada en este lugar de desarrollo. Cuando lo haga, el Espíritu Santo toma en serio su palabra, y se pone a trabajar inmediatamente.

Dé gracias al Señor por su gracia que nos limpia y nos hace libres del pasado. Pídale que desarrolle en su corazón el responder con capacidad a Su Presencia, y con salud.

<u>Por favor utilice estas páginas de notas mientras escucha la lectura grabada para la Sesión Siete.</u>

<u>Ruth y Nohemí – El Viaje de Sanidad</u>
<u>Sesión Siete – "Como la vergüenza llega a ser Un patrón para vivir"</u>

Personalidad Sobreviviente

Características de Survivor
Emocional "poder"
La toma de decisiones
Sentimiento y la expresión limitada
Exigente
Debe ser escuchado
Ejerce el control
La aprobación condicional
Vigilado por: ira / retirada
Severo /estricto /puede ser abusiva
Reglas y la justicia a partir
Centro de la órbita / ira

Con el fin de una vida saludable que se produzca la habilitación falsa dentro de la personalidad sobreviviente debe ser desmantelada. Para que esto ocurra correctamente, la pared de la auto-protección debe ser cambiado por los límites apropiados y saludables en las relaciones.

Pared de la Auto-Protección

Construido de Temor y / o Pride (Orgullo + Temor = Control)

CI

CE

Automáticas de Auto-protección Mecanismos de Defensa

Elementos de la negación manifestarse como una elección para adaptarse a el medio ambiente con un CI de la personalidad o el estilo de EQ

Personalidad de Escondida/Vulnerable

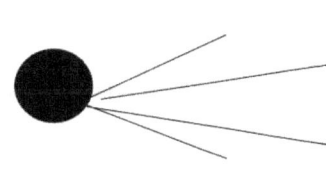

Características de Vulnerabilidad
Emocional "debilidad"
Pasivo / molido se
Dependiente y temerosa
Lo nunca visto, fuera de contacto
Esperando por la supervivencia
Escondida por el sobreviviente
Sin necesidad de herramientas en las relaciones
Vigilado por: miedo, dolor, queja, la depresión, amargura, la ira

Con el fin de una vida saludable que se produzca, el núcleo oculto de la personalidad del niño interior, debe ser validado y ha dado voz para comunicar emociones y percepciones. Esta personalidad más vulnerables a continuación debe ser fortalecido para que esté para tomar su lugar en la gestión de la vida y la decisión de trazado.

© dg/atg

Personal Application

¿Cómo aprendemos a Nutrir la Vergüenza?

Modelos de Autoridad	Acciones	Mensaje que el niño recibe
1. Los Padres no están preparados	1. No sabe como la infancia debe ser. 2. Basado en la imagen preocupada por lo que la gente piensa. 3. Espera que el niño sea un adulto pequeño 4. Expectativas poco razonables; perfeccionismo 5. Espera que el niño sepa. 6. "Usted debe saber mejor" 7. "¿Que te pasa?" 8. "¿Donde aprendiste a actuar de esa manera?"	1. No puedo dar la medida. 2. Tengo que resolver las cosas solo. 3. Nunca seré lo suficientemente bueno 4. Hay algo mal en mi que no puedo solucionar.
2. Los padres no disponibles	1. Emocionalmente distante, sin conexión con el corazón 2. Pre-ocupados con el trabajo, las actividades, la adicción 3. Niño se introduce en la órbita alrededor de los padres 4. ¿Demasiado ocupado para jugar; desinteresada 5. No asistir a los eventos del niño 6. Ninguna celebración por el esfuerzo del niño. 7. El trabajo orientado al logro / rendimiento 8. No hay tiempo.	1. Mis necesidades no importan 2. Otros son más importantes que yo 3. Yo no soy lo suficientemente importante. 4. No hay nadie para mi 5. Estoy en el camino 6. Tengo menos valor que otros
3. Los padres desagradables	1. Abuso - a sabiendas o sin saberlo. 2. Sin toque – verbal, emocional, financier, intimidación, aislamiento, control 3. Con toque - física, sexualmente	1. Yo no debería estar aquí 2. Yo no pertenezco - Estoy fuera 3. No soy querido 4. No valgo --no tengo ningún valor 5. Hay algo mal en mi que no puedo solucionar.

0-5 años

<u>Pensamiento Mágico</u> = "Yo causo los acontecimientos de mi mundo, felices para siempre, todo el mundo necesita ser feliz"

<u>Concepto de sí mismo</u> = La forma en que encajan en el mundo (aprendido en la niñez tempranas), a partir de pistas y señales recibidas por las personas en la relación. Lo que funciona para mi supervivencia

Modelos y Impresos para la vida adulta

"Yo soy el que me ha perjudicado más, porque estoy ligado a mi dolor. Mi enfoque se convierte en mi bloqueo al crecimiento."

Los mensajes de "vergüenza tóxica" o "falsa culpa"

"Hay algo mal en mi que me hace de menos valor que otros."

Aplicación Personal

Aflicción de Convicción

En Relaciones con Entendimiento otros

Nos fortalece

Decir," estaba equivocado"," lo siento, por favor perdóname"" cuando hemos causado herida a otros.

Nos ayuda a establecer límites personales como nuestra propia privacidad, modestia y niveles de confianza

Nos muestra cuando estamos "sobre la línea," y sirve como nuestra conciencia

En Espiritual

Nos atrae

En una relación con nuestro Abba Padre

Muestra nuestro pecado, y nos anima al arrepentimiento (cambio)

Nos anima a desear crecer y a seguir relaciones con aquellos que nos instruyen en la Vida Espiritual.

Nos mantiene en sintonía con el Espíritu Santo.

Vergüenza Tóxica

En Relaciones con Entendimiento otros

Nos aisla

Nos engaña al seguir el perfeccionismo (falsificación de la gracia)

Desarrolla co-dependencia en nosotros

Nos dice que nunca podemos ser suficientemente buenos, para ganar aprobación.

Nos enseña a negar nuestros sentimientos y tristeza

En Espiritual

Nos debilita

Crea una Fortaleza interna de orgullo y autosuficiencia.

Nos dice que estamos distantes de Dios, y trae condenación.

Tratamos de ganar nuestro lugar, y ganar el amor de Dios.

Trae confusión.

Diagramas Familiares

Nota: El proposito y el plan de Dios Padre para la vida familiar, es un lugar seguro e inofensivo;emocional,fisico y espiritualmente para cada miembro de la familia. LaVida Familiar es un ambiente creado por Dios, donde Diseño y Destino pueden ser descubiertos, motivados,desarrollados y buscados con propósito.

Mientras que el Matrimonio es un lugar donde la relación íntima es desarrollada entre un hombre y una mujer que se han escogido el uno para el otro para una vida en sociedad. La vida Familiar es un lugar donde los niños están para ser desarrollados y permitidos para crecer, motivados por los padres.

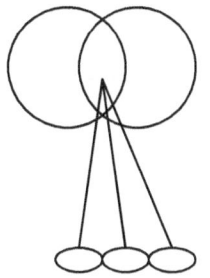

Familia Saludable
Papá y mamá han aprendido a operar juntos, y presentan juntos decisiones y opciones a los niños, como un equipo unido. Los niños son ministrados en términos iguales, sin favoritismos mostrados o expresados. **Foco: El plan de Abba para el bien común.**

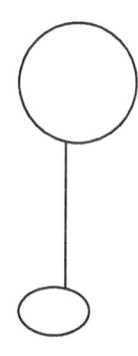

Relación Saludable de un Padre Solo
Cada padre ha aprendido a conectarse con la persona interna del niño, y puede comunicar desde un punto de vista relacional, metas futuras y disciplina. **Foco: El plan de Abba para el bien común.**

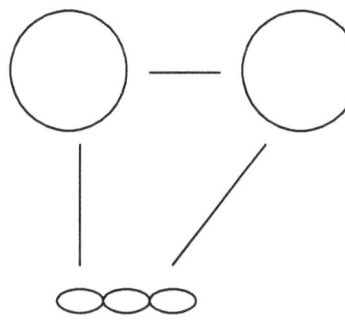

Relaciones no Saludables de un Padre
Padres están desconectados el uno del otro y de los niños. Comunicación toma lugar acerca de tareas y factores solamente. Niños reciben comunicación, pero no hay conexión.
Resultado: niños reciben un sentido de abandono y aislamiento, y llegan a ser orientados para tareas, por aprobación. Hay poco o nada de afecto comunicado. **Foco: Derechos, necesidades y/o apetitos personales.**

© 2006

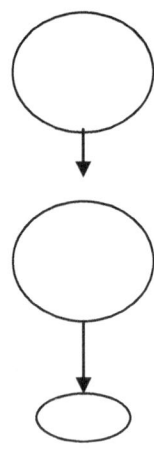

Modelo de Autoridad Dirigida (no saludable)

Un padre es visto como teniendo toda la autoridad, y se comunica con los niños a través de una cadena de comando, sin una relación personal con el niño. El niño es distanciado en la relación y no tiene oportunidad de apelar o cuestionar decisiones. Su voz e identidad son disminuidas en la familia, por todos los miembros excepto por el miembro de la familia de más autoridad.

También en este modelo, un padre debe explicar continuamente el otro padre al niño. El padre del rol que explica tiende a perder identidad personal y llega a ser co-dependiente, buscando mantener la paz en la casa a cualquier precio. Aceptación es orientada al desempeño. **Foco: Tener éxito en todos los frentes. Para llenar expectativas.**

El Modelo de Abuso

Los padres han experimentado fracaso relacional en sus propias habilidades para construir el matrimonio. Ellos están emocionalmente distanciados. Comunicación acerca de relación es hecha al niño, y el niño siente que debe escoger entre los padres.

El niño llega a ser el cuidador, y debe llenar las necesidades emocionales del padre; muchas veces esto involucra abuso verbal, emocional, físico o sexual (orden de progresión). El niño debe continuamente escoger entre los padres, y percibe que debe mantener a todo el mundo feliz. El desarrollo de la identidad es parada, y el niño debe escoger una personalidad de "poder" alterna para sobrevivir. Si una personalidad de" poder" no es encontrada, el niño llegará a ser depresivo letárgico. Aprobación es basada en vergüenza.
Foco: Sobrevivir.

El Modelo de Isla

Los padres han experimentado fracaso relacional en sus propias habilidades de construir el matrimonio. Ellos están emocionalmente distanciados. No hay comunicación.

Cada uno en la familia vive en un ambiente separado. Cada uno se cuida a sí mismo, y ninguno está conectado emocionalmente. No hay cuidado en un nivel mutuo. No hay momentos de vínculos que puedan ser recordados en este modelo.
Foco: Sobrevivir.

© 2006 dcg/atg

Sesión Siete – Tarea

1. Por favor lea el Segundo libro requerido de su lista suplementaria.

2. Si nuevas memorias vienen a su mente acerca de figuras de autoridad, añádalas al diario que completó durante las últimas sesiones. Mirando su diario de historia de vida, tome unos pocos momentos para pensar acerca del rol de figuras de autoridad femenina en su vida, y escriba cualquier recuerdo que viene a su mente en las hojas de la historia de su vida.

3. Por favor memorice el versículo de Salmos 103: 8 -- "Misericordioso y clemente es Jehová; Lento para la ira y grande en misericordia." Por favor lea también Efesios 5 y 6 ésta semana.

4. Por favor complete las hojas de trabajo de las siguientes páginas.

Sesión Siete –
Diario de Descubrimiento Personal

Asignación #7
Tomando Posesión de las Promesas, Parte A

1. Por favor tome un momento para mirar las tres últimas asignaciones que hemos completado juntas.

    El primer paso en las asignaciones de Ruth y Nohemí, fué ayudarla a encontrar una representación de Jesús, y de Dios Padre, que pudieran ser separadas de los filtros tratando con las relaciones de figuras de autoridad presentes en su vida. Dios Padre es diferente a cualquier padre en la tierra, y Jesús es su representación. Muchas veces, debido a los moretones en el alma, las mujeres se encuentran incapaces de responder a Dios, cuando El es representado como "Padre", o "Novio" o aún como "Hermano", desde que esas relaciones terrenales han mantenido tal dolor. –

El Segundo paso fué ayudarla a poner por escrito todas las emociones y percepciones que ha aprendido a usar para hacerle frente a la vida, como circunstancias y relaciones que se le han presentado. Nosotros entonces le pedimos asignar cada emoción a las figuras masculinas que fué o han estado presentes en su experiencia de vida, para así ayudarla a agarrar los puntos de toque en su vida, donde esas figuras de autoridad han llegado a ser parte de la formación de su identidad . – y aún esas situaciones en donde sus percepciones y reacciones internas trajeron los comienzos de mecanismos de seguridad, sobrevivencia o control.

Si ud no ha completado los primeros dos pasos completamente, por favor entienda que esto es absolutamente necesario para ud tener una representación de la Persona de Jesús, quien es real y casi tangible en su corazón – Esta es la piedra de fundamento sobre la que descansan los pasos de creciendo entre amigas .Por favor asegúrese que ud tenga una comprensible, entendible representación escritural con quien ud siente su corazón conectado en un nivel profundo.

2. Tomaremos tiempo durante nuestra sesión de grupo para que ud ore con una compañera de oración , y vaya examine la representación de la Persona de Jesús, que ud siente el Señor le ha dado, basado en la Escritura. Compare su descripción de ésta representación con ella, y pídale su contribución, para así asegurar que ud está haciendo bien escrituralmente, así como también abierta experimentalmente. Esto ayudará a profundizar la imagen que ud ya está sintiendo.

3. Ahora venimos al asunto de confianza. Es absolutamente esencial en nuestro crecimiento espiritual y emocional como creyentes que desarrollemos la habilidad de ser transparentes, honestas, abiertas y confiables no solo del Espíritu Santo , pero también las unas con las otras en el cuerpo de Cristo. La elección de llegar a ser tomadora de riesgo, que dá confianza fuera de sí misma, requiere un gran valor y debe ser conducido por un deseo de crecer en madurez espiritual más que cualquier otra cosa en la vida.

Está ud dispuesta a empezar el viaje de confiar en el Señor Jesucristo completamente con su corazón, y permitirle traerla a una total madurez?
_____

Escriba una oración de compromiso aquí.

_____

_____

_____

_____

4. Cuando empezamos a confiar, es importante darse cuenta que antes de ser capaces de confiar en otra persona, nosotros debemos primero llegar a ser capaces de confiar plenamente que Jesús tendrá cuidado de nosotras. Por favor utilice las siguientes escrituras. Después de mirar las escrituras en la columna de la mano izquierda, por favor de una descripción de la confiabilidad de Jesús en la columna de la mano derecha.

Escritura	Descripción
Génesis 21:1 "Visitó Jehová a Sara, como había dicho, e hizo Jehová con Sara como había hablado".	
Génesis 28:15	
Deuteronomio 4:31 *"(porque Dios misericordioso es Jehová) tu Dios, no te dejará, ni te destruirá, ni se olvidará del pacto que les juró a tus padres.*	
Deuteronomio 7:8-9	
Deuteronomio 31:6 *"Esforzáos y cobrad ánimo; no temáis, ni tengáis miedo de ellos,porque Jehová tu Dios es el que va contigo;no te dejará ni te desamparará."*	
Josué :21:45	
I Samuel 12:22 "Pues Jehová no desamparará a su pueblo, *por su grande nombre; Porque Jehová ha querido haceros pueblo suyo."*	

Escritura	Descripción
II Samuel 22:31 *"En cuanto a Dios, perfecto es su camino, Y acrisolada la palabra de Jehová. Escudo es a todos los que en El esperan".*	
Salmos 5:11	
Salmos 9:10 "En tí confiarán los que conocen tu nombre, por cuanto tu, oh Jehová, no desamparaste a los que te buscaron."	
Salmos 32:10	
Salmos 33:4 "Porque recta es la palabra de Jehová, y toda su obra es hecha con fidelidad."	
Salmos 33:18	
Salmos 34:2-8 "En Jehová se gloriará mi alma; lo oirán los mansos, y se alegrarán. *Engrandeced a Jehová conmigo, y exaltemos a una su nombre. Busqué a Jehová y el me oyó, y me libró de todos mis temores. Los que miraron a El fueron alumbrados, y sus rostros no fueron avergonzados. Este pobre clamó, y le oyó Jehová, y lo libró de todas sus angustias. El ángel de Jehová acampa alrededor de los que le temen, y los defiende. Gustad, y ved que bueno es Jehová; dichoso el hombre que confía en El."*	
Salmos 34:22	

Escritura	Descripción
Salmos 36:7 "¡ Cuan preciosa oh Dios es tu misericordia!, Por eso los hijos de los hombres se amparan bajo las sombras de tus alas."	
Salmos 37:28	
Salmos 40:4 "Bienaventurado el hombre que puso en Dios su confianza, y no mira a los soberbios, ni a los que se desvían de la mentira."	
Salmos 84:5	
Salmos 89:8 "Oh Jehová, Dios de los ejércitos, quién como Tu? Poderoso eres, Jehová, *y tu fidelidad te rodea.*"	
Salmos 111:5-9	
Salmos 94:14	

Escritura	Descripción
Salmos 91 *"El que habita al abrigo del Altísimo, morará bajo la sombra del Omnipotente. Diré yo a Jehová: Esperanza mía, castillo mío; Mi Dios, en quien confiaré. El te librará del lazo del cazador, de la peste destructora. Con sus plumas te cubrirá, y debajo de sus alas estarás seguro; Escudo y adarga es su verdad. No temerás el terror nocturno, ni saeta que vuele de día, ni pestilencia que ande en oscuridad, ni mortandad que en medio del día destruya. Caerán a tu lado mil., y diez mil a tu diestra; más a ti no llegará. Ciertamente con tus ojos mirarás y verás la recompensa de los impíos. Porque has puesto a Jehová, que es mi esperanza, al Altísimo por tu habitación, no te sobrevendrá mal, ni plaga tocará tu morada. Pues a sus ángeles mandará acerca de ti, que te guarden en todos tus caminos. En las manos te llevarán, para que tu pie no tropiece en piedra. Sobre el león y el áspid pisarás; hollarás al cachorro del león y al dragón. Por cuanto en mí ha puesto su amor, yo también lo libraré; le pondré en alto, por cuanto ha conocido mi nombre. Me invocará, y yo le responderé; con el estaré yo en la angustia; lo libraré y le glorificaré. Lo saciaré de larga vida, y le mostraré mi salvación."*	
Salmos 118:8-9	
Salmos 119:89	

Mirando hacia atrás las explicaciones de las promesas de Abba Padre que ud ha guardado en este diario de asignación, haga una corta lista aquí de las promesas que la ministraron confortándola –que elementos de estas promesas para ud, de la Palabra le presentan un diferente entendimiento de la naturaleza de nuestro Dios?

Por favor utilice estas páginas de notas mientras escucha la lectura grabada para la Sesión Ocho.

Ruth y Nohemí – El Viaje de Sanidad
Sesión Ocho – La Composición de una Princesa

La Composición De una Princesa

Ella es competente

Ella mantiene las apariencias

Ella puede divisar un farsante

Ella tiene suficiente experiencia para darte la respuesta

Ella no tiene tiempo para ser débil

Ella puede llevar la casa sola

Ella sabe como los niños deben ser levantados

Su esposo no la entiende algunas veces

Ella desea ser amada

Ella necesita ser entendida

Ella grita, pero nadie puede oirla

Ella se siente adormecida

© ATG/dcg

El Castillo de la Princesa

1. Punto de Provocación
Cargado y Volátil Destructivo.
Devuelve temor

2. Control –
Dolor no rendido – Inseguridad escondida. Falta de confianza.
"Puede cuidarse ella misma."
Sospecha de los hombres.
RECHAZO

3. Resistencia/ Tercamente voluntariosa
Sobreviviente. Inhabilidad de recibir amor. Espera que los términos personales sean cumplidos antes que ella responda. Silenciosamente fija términos. Defensiva. Desconfía de los hombres. Orgullo/Independencia

JEZABEL toma el trono.
REGLAS de JEZABEL

JEZABEL da el PASO a la Influencia

4. Manipulación –
Puede ser o no sexual. Fija términos para aceptación y dirección de relaciones. Entre más íntima la relación, más términos.
Hace pucheros, usa amenazas y armas para conseguir el resultado deseado. Rechaza lo que no puede controlar. Sospecha de Dios/ mantiene su propia agenda. IRA/VENGANZA

5. Brujería – Depone y/o desafía el hombre de Dios/ levanta su propio trono – destruye autoridad espiritual. Desprecia y no puede aplicar la Palabra del Señor – no recibirá corrección, más bien acusa a aquellos que la dan. Debe ser fuente. Debe ser oída. No enseñable. No cede. Manipulación sexual por gratificación

La Princesa y su Hombre

1. Ella rebaja el valor de las palabras y los deseos de su esposo. Sus propios pensamientos sobre las cuestiones que pertenecen a su relación son más importantes que los de él.

2. Ella interiormente desprecia y puede estar disgustada con el liderazgo masculino. Ella se encuentra a sí misma pensando, "Una mujer podría hacer mejor este trabajo." Ella también se encuentra a sí misma, peleada con mujeres en liderazgo que difieren de la figura de autoridad masculina. Ella tiene muy poca dificultad en hacer caso omiso a la instrucción.

3. Ella culpa los errores de su esposo por cualquier dificultad en que ella o la familia se encuentren. Ella desea ser evaluada de acuerdo a sus intenciones, pero requiere un standard más alto para su esposo. Cuando su esposo necesita consejo o espera a manejar un área, ella está más que lista para tomar control de esto.

4. Ella siente que es la única que debería manejar el dinero de la casa, y tomar decisiones acerca de suministrar las necesidades de la familia.

5. Ella hace acusaciones disimuladas en contra de aquellos en autoridad (usualmente de naturaleza sexual o promiscuas) si por visiones o sospechas en su propia mente. Esto la detiene de confiar sus propias áreas rotas para consejería y sanidad.

6. Ella usa persuasiones y opiniones acordadas para ver que las cosas vayan a su forma. Ella puede ser muy manipuladora, y no reconocerlo como un espíritu de control.

7. Ella habla mal de su esposo, y otras figuras de autoridad masculina. Ella reta dirección y elecciones escogidas por estos hombres. No confiará en aquellos en autoridad, a menos que se le permita retener control en un alto grado.

© ATG/dcg

Fortalezas Espirituales

1. Maldiciones Generacionales –   (Exodo 20:5, Exodo 34:7, Deuteronomio 5:9)

Maldiciones son prometidas por pecados en estas áreas (Ver Deuteronomio 27 y 28) Idolatría, deshonestidad, engaño, deshonrar a los padres, crueldad al desvalido, pecados sexuales, hacer caso omiso de la ley.

Al grado de que obedezcamos al Padre, permitiendo al Espíritu Santo renovar nuestras mentes a través de Su Palabra – al grado que, podamos vencer los esfuerzos de Satanás por atraparnos. (Mateo 16:22-23) Ore hasta que ud sienta que algo cambia en el reino espiritual. No se rinda si esta batalla se torna difícil.

2. Ataduras --   (Galatas 5:1)
  g. **Falta de perdón** -- Compare la injusticia que ud ha sufrido en contra de su propia injusticia hacia Dios Padre. (Ver Mateo 6:14, y Efesios 4:31-32)

Renuncie a ira y resentimiento. Rinda el deseo de mantener la herida abierta en su corazón por revivir continuamente el problema. Tome la decisión de perdonar, porque el perdón comienza en la voluntad. Deje ir todo deseo auto-motivado, (auto-lástima, depresión… etc.)

  h. **Aflicción y Auto-lástima** –Conocimiento no sana. Solo la Sangre de Jesús puede sanar y liberar.

Tratar con la aflicción es un proceso. Mientras ud llega a estar consciente de la fuente de sus perspectivas negativas, déselas al Espíritu Santo, y permítale a El sanarla. Deje ir su derecho de estar en lo correcto, y de mantenerse herido y en dolor. El arreglará las cuentas. (Ver Proverbios 15:3, Proverbios 17:22, Isaías 61:3)

  i. **Adicciones** – La definición del diccionario Webster "ser devoto o estar rendido a algo (o alguien) obsesivamente"

Adicciones son: formas de idolatría espiritual
Falsas barreras entre el adicto y Dios
Prevenciones en obedecer a Dios Padre
Demanda de atención
Una forma de pecar para perpetuarse así mismo.

Adicciones tienen una base espiritual. Ellas son una reflexión directa de una vida de ataduras y rebelión. Ellas son pecado, y debe arrepentirse por ellas. Una adicción es realmente una dirección errónea de adoración. Algunas veces, puede tener su raíz en semillas de impresión emocional en la vida de una persona.

j. **Rechazo y Auto -imagen negativa** -- una persona necesita continuamennte afirmación (más de lo que es normal), y debe ser "auto" alimentado, para sentirse aceptado en algún grado. Rechazo tiene una base espiritual, usualmente en el pasado de un individuo, y los recuerdos han formado un tipo de molde para la persona a seguir. (Ver Proverbios 15:4, Proverbios 18:21)

Ore por revelación del Amor de Dios Padre para penetrar la barrrera de rechazo. (Ver Romanos 8:35-39, e Isaías 54:17) También, un ministerio más profundo, como "Nuevos Horizontes," pueden equipar la persona para una vida Cristiana victoriosa.

k. **Comportamiento Sexual Inmoral** – Un apetito por perversión

(Ver I Corintios 6:16-18, Romanos 6:23) Muerte viene en tres formas – física, emocional y espiritual.

l. **Espíritus de Muerte** – Si es dirigido exterior o interiormente. Esto es un espíritu asesino hacia otros – suicida cuando es dirigido internamente (Ver Salmos 118:17-19, e Isaías 38:18-19)

m. **Involucramiento en lo Oculto** – Cualquier cosa relacionada con lo oculto (Deuteronomio 18 and 19) astrología, horóscopos, lectura de la mano, ouija, cartas tarot, sesiones espiritistas, lectura de la fortuna, brujería, adivinación, hechicería, magia, conjuros, maleficios, vudú, sociedades secretas, etc.) Aún cuando ud no lo toma seriamente, los espíritus del mal sí.

Algunas veces, una persona puede tener algo en su posesión inocentemente, eso es una abominación al Señor, y no saberlo. Busque a Dios en oración, y pregunte al Señor que le muestre cuarto por cuarto lo que ud necesita "limpiar" de su casa. (Buenos ejemplos: Máscaras de los Indios del Este de Africa, Materiales de mitología griega, objetos de las tribus de Indios Americanos, cualquier cosa con deidades de " otras religiones") Ver Deuteronomio 7:25

Sesión Ocho – Tarea

1. Por favor complete cualquier lectura en que ud esté atrasada hasta este punto, en ésta semana.

2. Utilice estas semanas para tener su diario y escritos asignados al día ,con los niveles de asignación ésta semana. Complete las hojas de trabajo que se le ha dado hasta ahora.

3. Complete su lectura de la Biblia que no ha sido completada hasta ahora, y trabaje en memorizar los versículos asignados en el programa hasta ahora.

Sesión Ocho
Diario de Descubrimiento
Asignación #8
Mantenimiento de las Promesas, Parte B

1. Si no lo ha hecho hasta ahora, por favor tome un momento para ver las cinco asignaciones pasadas que hemos completado juntas. Referente a las instrucciones al comienzo de las Asignación 5. Por favor asegúrese antes de seguir adelante, que ud ha completado su descripción de la impresión de quién es Dios para ud. – Alguien con quien ud se pueda relacionar; basado en las Escrituras.

Lea su descripción de la naturaleza de Dios Padre – Añádale cualquier cosa que le haya ministrado específicamente a ud en la sesión siete, o en ésta sesión. Qué ha aprendido acerca de lo que siente Dios acerca de ud? Puede ud permitir el amor de Dios en su corazón en este Nuevo y profundo nivel?

2. Ahora venimos al tema de confiar. Es absolutamente esencial en nuestro crecimiento espiritual y emocional como creyentes que desarrollemos la habilidad de ser transparentes, honestos, abiertos y confiados no solo al Espíritu Santo, sino también las unas a las otras en el cuerpo de Cristo. La elección de llegar a ser tomadores de riesgos, que dan confianza fuera de sí mismos requiere una gran porción de valentía y debe ser manejado con un deseo de crecer en una madurez espiritual más que cualquier cosa en la vida.

Está ud dispuesta a empezar el viaje de confiar en el Señor Jesús completamente con su corazón, y permitirle a El que la traiga a una plena madurez ? Reafirme esa elección aquí.

_____

3. Recuerde:

Cuando empezamos a confiar, es importante que reconozcamos que antes de ser capaces de confiar en otra persona, primero debemos llegar a ser capaces de confiar plenamente en el cuidado de Jesús por nosotros. Por favor utilice las siguientes escrituras. Después de mirar la escritura en la columna de la mano izquierda, favor dé una descripción de la confiabilidad de Jesús en la columna de la mano derecha.

Escritura	**Descripción**
Salmos 121 – "Alzaré mis ojos a los montes— *de dónde vendrá mi socorro? Mi Socorro viene de Jehová, que hizo los cielos y la tierra. No dará tu pie al resbaladero, ni se dormirá el que te guarda. He aquí, no se adormecerá ni dormirá el que guarda a Israel. Jehová es tu guardador; Jehová es tu sombra a tu mano derecha. El sol no te fatigará de día, ni la luna de noche. Jehová te guardará de todo mal; El guardará tu alma. Jehová guardará tu salida y tu entrada desde ahora y para siempre."*	
Salmos 147:11	
Proverbios 3:5-6 –" Fíate de Jehová de todo tu corazón, *Y no te apoyes en tu propia prudencia. Reconócelo En todos tus caminos, y El enderezará tus veredas".*	
Proverbios 14:26	
Proverbios 28:25 – (El Mensaje) El altivo de ánimo suscita *contiendas; Más el que confía en Jehová prosperará"*	
Proverbios 29:25	

Escritura	Descripción

Isaías 25:1 " Jehová, tu eres mi Dios; te exaltaré, alabaré tu *nombre, porque has hecho maravillas; tus consejos antiguos son verdad y firmeza.*"

Isaías 26:3

Isaías 49:15-16 "Se olvidará la mujer de lo que dió a luz para *dejar de compadecerse del hijo de su vientre? Aunque olvide ella , yo nunca me olvidaré de ti. He aquí que en las palmas de las manos te tengo esculpida; delante de mí están siempre tus muros.*"

Isaías 54:10

Jeremías 17:7-8 " Bendito el varón que confía en Jehová, y *cuya confianza es Jehová. Porque será como el árbol plantado junto a las aguas, que junto a la corriente echará sus raíces, y no verá cuando viene el calor, sino que su hoja estará siempre verde; y en el año de sequía no se fatigará, ni dejará de dar fruto.*"

Jeremías 33:20-21

Lamentaciones 3:22-23 " Por las misericordias de Jehová no *hemos sido consumidos, porque nunca decayeron sus misericordias. Nuevas son cada mañana; grande es tu fidelidad*".

Daniel 9:4

Oseas 2:19-20 –"Te desposaré conmigo para siempre; te desposaré conmigo en justicia, juicio, benignidad y misericordia.. Y te desposaré conmigo en fidelidad, y conocerás a Jehová."

Escritura	Descripción
Nahúm 1:7 " Jehová es bueno, Fortaleza en el día de la angustia; *Y conoce a los que en El confían.*"	
Mateo 24:35	
I Corintios 2:5 " Para que vuestra fe no este fundada en la *Sabiduría de los hombres, sino en el poder de Dios.*"	
I Corintios 10:13	
II Corintios 1:20 "Porque todas las *promesas de Dios son en El(en Jesús) sí, y en El Amén, por medio de nosotros, Para la Gloria de Dios*".	
I Tesalonicenses 5:24	
II Timoteo 2:11-13 " Palabra fiel es ésta: Si somos muertos *Con El, también viviremos con El. Si sufrimos, también reinaremos con El; si le negaremos, El también nos negará .Si fuéremos infieles, El permanence fiel; El no puede negarse a sí mismo.*"	
Hebreos 6:18	
Hebreos 10:23 " Mantengamos firme, sin fluctuar, la profesión *De nuestra esperanza, porque fiel es el que prometió*".	
Hebreos 10:38-39	

Escritura	**Descripción**
Hebreos 11:1-6 " Es, pues, la fe la certeza de lo que se espera, *la convicción de lo que no se vé. Porque por ella alcanzaron buen testimonio los antiguos. Por la fe entendemos haber sido constituído el universo por la Palabra de Dios, de modo que lo que se vé, fué hecho de lo que no se veía. Por la fe Abel ofreció a Dios más ecxelente sacrificio que Caín, por lo cual alcanzó testimonio de que era justo, dando Dios testimonio de sus ofrendas; y muerto, aún habla por ella. Por la fe Enoc fué traspuesto para no ver muerte, y no fué hallado, porque lo traspuso Dios; y antes que fuese traspuesto, tuvo testimonio de haber agradado a Dios. Pero sin fe es imposible agradar a Dios; porque es necesario que El que se acerca a Dios crea que le hay, y que es galardonador de los que le buscan."*	
Hebreos 13:6	
II Pedro 3:9 " El Señor no retarda su promesa, según algunos *la tienen por tardanza, sino que es paciente para con nosotros, no queriendo que ninguno perezca, sino que todos procedan al arrepentimiento."*	
I Juan 5:4	

4. Con qué temores ud ha batallado en el pasado, que fueron dirigidos hacia afirmaciones acerca de Abba Padre en esas escrituras? Lístelos aquí.

5. Puede ud escoger confiar, completamente y sin preguntas, al representante de la persona de Jesucristo que el Espíritu Santo ha hecho real para ud a través de estas asignaciones?

6. Por favor pase un tiempo en oración, quizás con un amigo que esté de acuerdo con ud, testificando y apoyando su decisión de confrontar estos asuntos en su vida. Oren juntos acerca de su elección de llegar a ser abierto, honesto y vulnerable con el Señor Jesús en estas nuevas áreas de su vida. Haga una confesión, y arrepiéntase de las áreas de su vida en donde ud escogió su propio camino. Pídale al Espíritu Santo fortalecer su voluntad para ser capaz de elegir creer la Palabra de Dios, y lo que Jesús tiene que decir acerca de su vida espiritual, más que creer en sus propios sentimientos, emociones, y percepciones.

Sugerencias de , de qué arrepentirse y en qué buscar libertad:
(Esta oración significa el deseo de caminar lejos de estos patrones de vida)

Sospecha de la autoridad masculina
Desconfianza y temor de la autoridad masculina
Odio a los hombres
Ira, y auto-venganza
Independencia de espíritu y actitud
Control – el deseo de gobernarse a sí mismo
Falta de sumisión interior
Creer las percepciones del pasado
Retiro y aislamiento interior
Descuido de la Palabra de Dios
No aplicar la Palabra de Dios
Manipulación de circunstancias
Chisme, calumnia, pecados de la lengua
Seguir su propio camino
Fijar las pautas de otros
Crítica (esto igualaría el terreno en su mente, cuando se sintió inadecuado en el pasado)
Ser egoísta
Ser centrado en sí mismo
Servirse a ud mismo antes de servir a otros
No disposición de buscar relaciones con otras mujeres
Descuido de vincularse en las relaciones

7. Ahora que ud ha removido espiritualmente las barreras de confiar en Jesús como una figura de autoridad, comprenda que Abba Padre tomará sus palabras, y comenzará el trabajo de sanidad en su corazón. Mientras ud le dá el tiempo y espacio de hacer ésta sanidad, es importante que ud refuerce las elecciones que ha hecho en oración y estudio de la Biblia. Por favor trate de orar por 10 minutos – si en adoración, o tiempos de oración cada día de ahora en adelante en su vida. También, ore en el Espíritu, utilizando su lenguaje espiritual por 5 minutos cada día. Si esto es difícil para ud hacer al comienzo, tome un reloj de cocina cuando empiece cada segmento de oración, y ore hasta que el reloj suene.

Por favor utilice estas páginas de notas mientras escucha la lectura grabada para la Sesión Nueve.

Sesión Nueve – La Formación de la Personalidad

"G.E.MA.S." Evaluación del Perfil de la Personalidad

Por favor haga un círculo *0, 1, 2, or 3, siguiente a cada afirmación usando la siguiente tabla:*
0 = no en absoluto   1 = rara vez   2 = algunas veces   3 = siempre

1. Nunca puedo entender porque la gente no usa el sentido común. 0 1 2 3 (G)

2. Yo estoy en lo mejor de mí cuando puedo trabajar con otros en un ambiente divertido. 0 1 2 3 (M)

3. La gente que me conoce, dice que soy una bola continua de energía 0 1 2 3 (M)

4. Cuando yo soy amiga de alguien, yo debería ser leal no importa lo que sea. 0 1 2 3 (E)

5. Me gusta pensar en las cosas terminadas antes de comenzar el projecto. 0 1 2 3 (S)

6. Me gusta hablar lo que pienso, independientemente de las consecuencias. 0 1 2 3 (G)

7. Me gusta echar chistes y contar historias divertidas. 0 1 2 3 (M)

8. Yo trato de evitar conflicto siempre que sea posible. 0 1 2 3 (E)(S)

9. Me gusta investigar y analizar detalles. 0 1 2 3 (S)

10. Yo pienso que la gente debería saber que hacer en una emergencia. 0 1 2 3 (G)(S)

11. Las reglas mantienen a todos seguros, y hacen las cosas justas. 0 1 2 3 (E)

12. Yo creo que expontaneidad es importante; y previene el aburrimiento. 0 1 2 3 (M)

13. Yo prefiero trabajar solo que con otros.   0 1 2 3   (G)(S)

14. Yo trato de dar apoyo a aquellos en mi círculo de influencia.   0 1 2 3   (E)

15. Yo detesto ser usada, o tener a alguien que tome ventaja de mí.   0 1 2 3   (G)

16. Algunas veces me siento tan desorganizada.   0 1 2 3   (M)

17. Cuando yo soy herida, tiendo a retirarme.   0 1 2 3   (E)

18. Yo pienso que las reglas y los límites deberían ser cuestionados.   0 1 2 3   (G)

19. Cuando yo estoy en desacuerdo con alguien, necesito clarificar.   0 1 2 3   (S)

20. Cuando yo estoy en un grupo, tiendo a estar callada.   0 1 2 3   (E)

21. Tiendo a ser persistente.   0 1 2 3   (G)(S)

22. Me han dicho que tengo un sentido del humor seco.   0 1 2 3   (E)

23. Yo no se porqué alguna gente tiene que ser tan práctica.   0 1 2 3   (M)

24. Yo lucho con sospecha algunas veces.   0 1 2 3   (S)

25. Yo me siento apenada por gente que son heridas. Yo quiero ayudar.   0 1 2 3   (E)(M)

26. Yo tiendo a sentir profundo, y mantengo relaciones donde invierto totalmente.   0 1 2 3   (E)

27. Yo estoy orgullosa de ser una persona confiable.   0 1 2 3   (E)

28. Tiendo a ser perfeccionista.   0 1 2 3   (S)

29. Yo tiendo a ser decisiva y orientada a las metas.	0 1 2 3	(G)
30. Es duro trabajo para mí concentrarme en solo una cosa.	0 1 2 3	(M)
31. Yo tiendo a tomar el cargo cuando otros se quedan atrás.	0 1 2 3	(G)
32. Es muy importante para mí ser entendida.	0 1 2 3	(E)(S)
33. Yo me siento herida cuando me pasan por alto.	0 1 2 3	(M)
35. Yo pienso que debo ser recompensada cuando alcanzo una meta.	0 1 2 3	(G)
36. La vida debería ser divertida.	0 1 2 3	(M)
37. Yo necesito tener respeto de otros en una relación.	0 1 2 3	(G)(M)
38. Yo estoy usualmente en lo correcto.	0 1 2 3	(G)
39. Yo necesito saber que tengo libertad para tomar mis propias decisiones.	0 1 2 3	(S)
40. Es importante para mí saber que otros me aceptan.	0 1 2 3	(E)(M)
41. Yo preferiría recibir respeto de otros que aprobación.	0 1 2 3	(G)(E)
42. Yo necesito sentirme cerca, e íntima con la gente que me interesa.	0 1 2 3	(S)
43. Cuando la gente ignora mis esfuerzos, o no los nota, me lastima.	0 1 2 3	(S)
44. Es importante que la gente tenga una meta, o nada será hecho.	0 1 2 3	(G)
45. Yo deseo que la gente controle sus actitudes y su ira.	0 1 2 3	(E)

46. Yo tengo la tendencia a preocuparme.   0 1 2 3   (E)(S)

47. Yo tiendo a alejarme a un lugar tranquilo sin gente para   0 1 2 3   (S)
    recargarme.

48. Yo odio estar sola.   0 1 2 3   (M)

49. Es duro herir mis sentimientos.   0 1 2 3   (M)(G)

50. Yo batallo con inseguridad en situaciones sociales.   0 1 2 3   (S)

51. El Conflicto me pone nerviosa.   0 1 2 3   (E)(S)

52. Otros me consideran ser una persona sociable.   0 1 2 3   (G)(M)

53. Cuando una situación se pone muy seria o intensa, yo la calmo.   0 1 2 3   (M)

54. Yo me siento cómoda poniendo límites a gente exigente.   0 1 2 3   (G)

55. Yo me siento incómoda con cambios que suceden rápidamente.   0 1 2 3   (E)

Por favor cuente su total aquí. Para preguntas que tienen dos letras seguidas al indicador, añada los puntos a la cuenta por ambas letras.

G ____   E ____   M ____(a) S ____

Las secciones de más alta puntuación indican su estilo de personalidad más prevaleciente. Vea las siguientes páginas para ayudarla a entender lo que cada estilo de personalidad significa. Para una evaluación más detallada, vea las Herramientas de Descubrimiento Personal GEMAS, por Debbye Graafsma. Las evaluaciones de GEMAS ayudan a descifrar Dones, Fortalecimiento, Valores de Madurez y Servicio. Está disponible en amazon.com, lulu.com y a través de awakenedtogrow.com.

"G.E.Ma.S." Evaluación de Perfiles de Personalidad

G -Aguila Dorada

Aguilas Doradas, reconocidas como líderes en el mundo de las rapaces, son pájaros solitarios, viviendo en áreas de pastizales. Sus nidos son construidos de ramitas, formados en un cuenco, en altas elevaciones como en una cornisa de barranco o un árbol alto. Diferente a otras águilas, las Doradas no comeran carroña a menos que no sea encontrada otra fuente de comida. Esto las hace extremadamente saludables como rapaces. Las Aguilas Doradas son ferozmente territoriales, muy persistentes, y singularmente enfocadas. En la enseñanza de sus jóvenes a volar, ellas practicarán una caída/agarrada/llevada alto/repetir patrón, hasta que la cría es capaz de permanecer en vuelo. Ellas se aparejan de por vida. Ellas son las rapaces más grandes, con una extensión de alas hasta de 7 pies. Los nuevos polluelos encubados son cubiertos con plumas suaves de blanco puro.

E —Paloma Esmeralda

Palomas Esmeralda, reconocidas como criaturas leales y sociales, vuelan en apretada formación durante la estación de crianza, en una hermosa exhibición colectiva. Estos pájaros son comprometidos y confiables. Ellas forman bandadas, y son muy calmadas y gentiles en naturaleza.. Ellas evitan atmósferas concurridas, y apacigüan su pareja y sus jóvenes con un suave sonido "coo-ing". Ellas pueden sobrevivir en desiertos como también en ambientes urbanos. Ellas son capaces de comer el 20% de su peso en un día, , almacenando semilla hasta que la puedan digerir más tarde. Ellas pueden vivir hasta 30 años. La mayoría de las manadas de ésta especie siguen un predecible y repetido patrón en su patrón de vida. Las Palomas Esmeralda usualmente están individuales, en pares o grupos pequeños. Ellas son bien terrestres, a menudo buscando por frutas caídas en la tierra y pasan poco tiempo en árboles excepto cuando duermen.

M — Pingüinos Macarrone

Pingüinos Macarrones, son *reconocidos como amantes de la diversión y energéticos. Ellos pueden vivir hasta 20 años. Son encontrados al sur de la línea del Ecuador, y aunque tienden a habitar islas y masas de tierra remotas que son libres de predadores, estos pequeños amigos pasan tanto como el 75% de sus vidas en el mar. Ellos no vuelan, pero cuando nadan, sus alas aletean debajo del agua, así como otros pájaros en el aire. A los Pingüinos les gusta jugar; "tobogán" sobre sus barrigas en colinas de hielo o nieve. Los Pingüinos se comunican vocalizando y ejecutando conductas físicas llamadas "exhibiciones". Ellos usan muchas exhibiciones vocales y visuales para comunicar territorios anidados e información de pareja. Ellos también usan exhibiciones en pareja y reconocimiento de polluelos, y en defensa en contra de intrusos. Los Pingüinos son muy conscientes de mantener sus plumas cubiertas de aceites personales, y ellos las limpian continuamente.*

S — Solitario Tejedor Africano

Los Solitarios Tejedores Africanos son considerados creativos y orientados al detalle. Ellos están entre los mejores pájaros arquitectos del mundo. *Un gran nido lleno de hierba usualmente contiene varias habitaciones, donde el pájaro entra por debajo. El tejedor reviste las ramas delanteras del nido y el nido en sí, de ramitas espinosas como defensa en contra de los predadores. El Solitario tejedor, diferente a otros en esta especie, tiende a aislarse de otros. Ellos trabajan creativa y continuamente, construyendo múltiples nidos en una sola estación de reproducción. El macho es coloreado brillantemente, usualmente en rojo o amarillo y negro. Se les ha dado el nombre de Tejedores, por sus elaborados nidos tejidos. Los materiales usados para construir sus nidos incluyen fibras de hojas finas, pasto y ramitas.*

G	E	Ma	S
Aguila Dorada	**Paloma Esmeralda**	**Pingüino Macarrón**	**Tejedor Solitario**

Fortalezas(abiertas) Nace líder, dinámico, activo, trabaja bien con cambio, debe corregir las equivocaciones, fuerte fuerza de voluntad, decisivo, no gobernado por emociones, confidente, organizado, no es desanimado fácilmente, independiente, delega bien, manejado por metas, estimula a otros, no teme a la oposición, motiva a otros, usualmente está correcto, sobresale en emergencias, se mueve rápidamente para la acción. Se recarga solo.	**_Fortalezas(abiertas)_** Tranquilo, & relajado, calmado, sereno, y dueño de sí mismo, paciente, bien balanceado, consistente en la vida, quieto pero chistoso, simpático, gentil, Mantiene emociones escondidas, felizmente reconciliado a la vida, persona de todo propósito, competente y sensato, pacífico, agradable, habilidad administrativa, evita conflictos, encuentra la forma fácil, toma tiempo para otros, no está en apuro, toma lo bueno con lo malo, no se molesta fácilmente, fácil de llevarse bien, placentero y deleitable, inofensivo, buen oidor, sentido del humor seco, disfruta mirar la gente, tiene muchos amigos tiene compasión y preocupación, leal, confiable	**_Fortalezas (abiertas)_** Atractivo, buen contador de historias, buen sentido del humor, memoria para el color, vida de la fiesta, mantiene la atención, emocional, demostrativo, curioso, alerta, inocente, bueno en el escenario, disposición cambiable, vive para el presente, siempre un niño, muy sincero, hace de su casa diversión, torna desastre en humor, "maestro del circo," hace amigos fácilmente, ama la gente, se edifica con cumplidos, voluntario de Buena gana, tiene energía y entusiasmo, inspira a otros a ingresar, cautiva a otros a trabajar, creativo y lleno de color, se disculpa rápidamente, le gusta la expontaneidad, no guarda rencores.	**_Fortalezas(abier_** Profundo y pensativo, se analítico, determinado, propenso a ser genio, diseñador, creat. filosófico, poético, sensi otros, autosacrifica, consciente, idealista, orientado a la agenda, altos standards, consci de detalles, persistente minucioso, ordenado, organizado, económico solucionador, dirigido a terminar, le gusta hacer gráficos, limpia lo de ot gusta bien hechas las c anima a las becas, hace amigos cautelosamente contento de estar en Segundo plano, evita l la atención, fiel y devot escuchará, profunda preocupación por otros busca el compañero ide
Necesita ser respetado. Teme ser usado o que tomen ventaja. En comunicación: necesita que la otra persona "llegue al punto".	Necesita ser incluido. Teme perder su sentido de seguridad. En comunicación: necesita que la otra persona "saque el enojo de ella; sea agradable conmigo."	Necesitan ser oídos y Confirmados Teme el rídiculo y ser dejado solo. En comunicación; necesita saber que son oídos y entendidos	Necesita ser apreciа animado. Teme crítica y recha En comunicación; po gran peso en palabr necesita seguridad

G	E	Ma	S
Aguila Dorada 	**Paloma Esmeralda** 	**Pingüino Macarrón** 	**Tejedor Solitario** 
Elementos Barreras Orgullo, Indisponibilidad emocional, Tendencia hacia el narcisismo.	*Elementos Barreras* Rechazo, Temor, Tendencia hacia la co-dependencia.	*Elementos Barreras* Orgullo, Indisponibilidad emocional. Tendencia hacia adicciones/ co-dependencia.	*Elementos Barreras* Temor, Emociones Negativas, Tendencia hacia el aislamiento/ Narcisismo.
Debilidades(Cerrado) Mandón, impaciente, temperamento-rápido, no puede relajarse, impetuoso, disfruta discutir, no se rendirá cuando pierde, viene con demasiada fuerza, no es complementario, inflexible, le desagrada las emociones/lágrimas, no es tolerante con errores, antipático, demanda lealtad, puede ser rudo,/sin tacto, tiende a dominar, muy ocupado para la familia, de respuestas rápidas, no deja a otros relajarse, usa a otros, sabe todo, decide por otros, puede hacer todo" mejor ", es muy independiente, posesivo, no se disculpa, debe estar en lo correcto, pero no es popular.	**Debilidades(Cerrado)** Sin entusiasmo, temeroso y preocupado, indeciso, evita responsabilidad, calladamente terco, egoísta, muy tímido, se retira, se cree justo, no orientado a las metas, falta de motivación, duro de que se mueva, resiente ser presionado, perezoso y descuidado, desanima a otros, prefiere mirar, descuidado en disciplina, no organiza, toma todo muy fácil,, se mantiene sin involucrarse, no es emocionante, indiferente a planes, juzga a otros, sarcástico y bromista, se resiste al cambio.	**Debilidades(Cerrado)** Hablador compulsivo, exagera, habita en la trivialidad, olvida detalles, ahuyenta a otros, muy feliz, energía alborotada, egoísta, se enoja fácilmente, bravatas / quejas, parece hipócrita, nunca crece, olvida obligaciones, no termina, indisciplinado, prioridades fuera de orden, distraído fácilmente, desorganizado, no escucha toda la historia, odia estar solo, necesita el centro del escenario, popular, busca crédito, domina las conversaciones, interrumpe y no escucha, responde por otros, hace excusas, repite historias, inconstante, mantiene la casa en histeria, decide por sentimientos, confidencia se desvanece rápido.	**Debilidades(Cerrado)** Recuerda lo negativo, Temperamental y depresivo, Disfruta ser herido, tiene falsa humildad, fuera en otro mundo, auto imagen, tiene oido selectivo, centrado en sí mismo, introspectivo, sentimientos de culpa, complejo de persecución, tiende a la hipocondría, no orientado a la gente, deprimido por imperfecciones, escoje trabajo difícil, indeciso de empezar proyectos, pasa mucho tiempo planeando, prefiere análisis trabajando, duro de complacer, se auto desprecia, sin afecto,, standards/expectativas son muy altas, profunda necesidad por aprobación, pone metas fuera de alcance, desanima a otros, muy meticuloso, llega a ser mártir, malhumorado por desacuerdos, vive a través de otros, socialmente inseguro, retirado y remoto, crítico, sospechoso no le gustan los que están en oposición, antagónico, vengativo, dudoso de los cumplidos, lleno de contradicciones.

Como la Personalidad se mezcla en las Relaciones

Extrovertido y basado en actividad

"Yo te dirijo para que lo tengas hecho"

"Aguila Dorada"

"Conductor"
"Colérico"
"León"

DECISIVO
LIDER

Motivado por: hacer elecciones, buscando como esto beneficia sus metas personales.

Extrovertido y basado en actividad

"Tengamos diversión mientras lo tenemos hecho."

"Pingüino Macarrón"

"Inspirador"
"Sanguíneo"
"Nutria"

HABLADOR
DIVERSION

Motivado por: oportunidades sociales, actividad, habilidad para compartir pensamientos.

CONFLICTO

Estilos orientados a tareas

"Tejedor Solitario"

"Consciente"
"Melancólico"
"Castor"

PENSADOR
TRABAJADOR, ANALITICO

"Debe ser hecho bien, y planeado bien."

Introvertido y Basado en Seguridad

Motivado por: entendiendo los "porqués," Afirmación y ánimo.

Estilos orientados a relaciones.

"Paloma Esmeralda"

"Estable"
"Flemático"
"Perro Perdiguero"

LEAL
TEMPERAMENTO PAREJO

"No te preocupes. Lo vamos a tener hecho.

Introvertido y Estacionado

Motivado por: consistencia, ve beneficiar a otros; como servir a metas comunes.

Sesión Nueve – Tarea

1. Por favor continúe su libro de lectura, y tome nota de los descubrimientos y preguntas que está encontrando mientras lee.

2. Si nuevas memorias vienen a la mente acerca de figuras de autoridad masculina, adiciónelas al diario que completó durante la última sesión. Termine la asignación de descifrar sus percepciones y juicios de su vida interna.

3. Cuál es su personalidad básica? Cuál es la personalidad de aquellos que la han herido? Hubo conflictos en esas relaciones? Tome un momento para considerar cómo los conflictos pudieron haber sido alimentados para llegar a ser traumáticos en su vida? Tome nota de esas relaciones que fueron débiles debido a la inhabilidad de conectar en un nivel de personalidad….. permita a su corazón recibir la aprobación de Abba Father – El la creó con la personalidad que ud tiene…. A El le gusta ud.

4. Termine su asignación de memorización hasta este punto del programa.

5. Salmos 103: 8 -- "Misericordioso y clemente es Jehová; lento para la ira, y grande en misericordia." Por favor también lea Efesios, capítulos cinco y seis ésta semana.

6. Por favor complete las hojas de trabajo que no ha completado aún, y termine su descripción de su Impresión de Padre Dios.

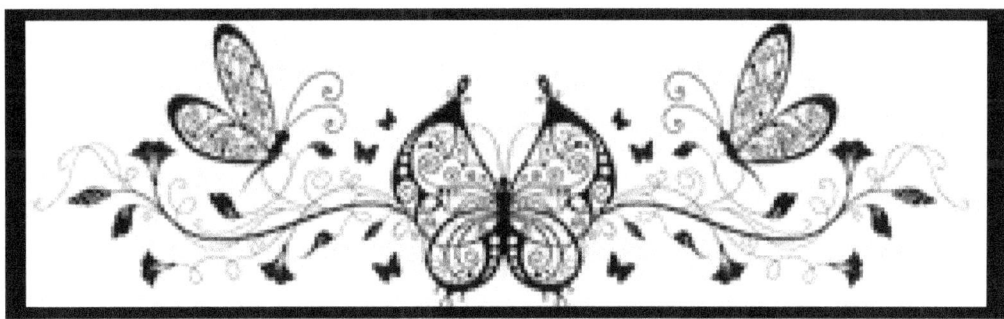

Sesión Nueve –
Diario de Descubrimiento Personal

Asignación #9
Abordando la Confianza Rota, Parte A

1. La reparación de la confianza rota es algo que es de múltiples facetas en su desrrollo. Primero, la elección de llegar a ser vulnerable debe ser hecha, en relación con el proceso de sanidad. Es necesario que ud escoja, ahora, en ésta sesión, permitir a su corazón llegar a estar abierto y vulnerable. --

   Primero --   con **Jesús, en representación del Espíritu Santo,**
   ha hecho real a su corazón.

   Segundo --   con su **mentor**, porque ella ha sido provista como un lugar seguro para ud-un apoyo, ánimo, y ayuda cuando el proceso golpea en lugares difíciles.

   Tercero --   con su **entrenador pastoral**, porque ella ha sido provista

como un lugar seguro para su mentor, y para ud mientras camina a través de estas nuevas áreas de crecimiento y compromiso.

LLene esta oración de compromiso y elección aquí, en relación a dar los pasos para reparar la confianza rota en su vida.

"Padre Dios, Hoy (fecha) _____, yo escojo confiar en tí, porque tu eres mi (imágen que El ha hecho real para ud) _____. Tu erse mi Salvador, mi Ayudador, mi Comfort, y mi Consolador, y Tu estás usando este proceso para hacerme libre de las heridas que Satanás ha traído contra mi vida.

Padre Dios, adicionalmente, yo escojo confiar en esas mujeres que tu has puesto en mi vida para ayudarme a crecer a través de los lugares ásperos que yo he encontrado. Yo sé que tu me las has dado a mi como un lugar seguro para sanidad y totalidad. Yo específicamente nombro (mentor)_____ y (entrenador pastoral) _____ _____. Yo escojo permitirte ayudarme a abrir mi corazón, y llegar a ser vulnerable, facilitando el crecimiento en nuevas áreas de mi vida.

Yo te amo, Jesús, y confío en ti para ayudarme a escojer el camino correcto, mientras que tu reconstruyes áreas de confianza en mi vida. Ayúdame a crecer. Te necesito. Amén."

Por favor lea esta oración en voz alta, confesando con su propia boca de los pasos que ud está tomando para crecer. Después escriba su propia oración de compromiso y elección aquí.

_____

_____

_____

_____

_____

Por favor encuéntrese con una amiga, o compañera de oración, para estar de acuerdo juntas, ore por este Nuevo paso de desarrollo en su vida.

Por favor lea Santiago 5:13-16.

    a. En el verso 13, Quién dice Jesús es responsable para orar?

___

    b. En el verso 14, Quién dice Jesús es responsable de llamar a los ancianos, estableciendo oración de sanidad?

___

    c. En el verso 15, Quién dice Jesús es responsable de pedir perdón por pecados que debieron haber traído enfermedad?

___

    d. De la misma manera, en el verso 16, que acción promueve sanidad?

___

Entonces, para poder crecer espiritual y emocionalmente, en este proceso de desarrollo, es su responsabilidad expresar la necesidad. El enemigo de nuestras almas nos dice que a Dios no le importamos, o que el liderazgo no le importa, porque no nos hacen seguimiento cuando estamos en dificultad. Satanás quiere que ud crea que nadie lo ama, y que no hay esperanza para ud. Pero esas son mentiras, fabricadas para mantenerla fuera de llegar a ser la persona que fué destinada a ser. (Y sí, todas nosotras tenemos un propósito destinado!! – no compre esa mentira !!)

El problema es cuando comenzamos a escuchar las mentiras de Satanás, escogemos pasividad, y paramos de crecer. Y todo por lo que Dios Padre está esperando es, que nosotras hagamos una confesión de nuestra necesidad, y pedir por ayuda.

Ud sabía que cada escritura que tiene una promesa, es escrita con ud en mente?

Escriba Romanos 2:10 y 11 aquí.

_____

_____

_____

_____

_____

_____

_____

_____

Por favor lea Hebreos 13:9

Qué fortalece el corazón? _____

Por favor describa lo que es gracia aquí. Si ud tiene dificultad con la descripción, por favor hable con su mentor.

_____

_____

_____

_____

Que promesas le ha dado Dios Padre, personalmente en su Palabra?
Lístelas aquí, en la columna izquierda, y después escriba, en la columna de la mano derecha, lo que ha creído le ha sido prometido a ud.

Escritura	**Promesa**

<u>Por favor utilice estas páginas de notas mientras escucha la lectura grabada de la Sesión Diez.</u>

Sesión Diez – "Los Patrones de una Comunidad Segura"

Abusar – *usar incorrectamente, comprometido a una práctica dañina, destruir identidad de la vida interna en un individuo.*

Nota: 95% de todos los abusos domésticos están dirigidos a la esposa. Por ésta razón, este gráfico se refiere a "ella." Abusada.

La Rueda del Abuso

ALARIDOS/GRITOS Avasallando con volumen y voluntad cuando se comunica
USANDO COACCION & AMENAZAS Haciendo y/o cargando amenazas para hacer algo para herir su esposa *amenazando con dejarla a ella, o cometer suicidio, reportarla a la asistencia social * haciendo que ella levante los cargos * haciendo que ella haga cosas ilegales

VIOLENCIA FISICA – cualquier toque sin permiso usado para ganar acuerdo cuando se comunica
USANDO INTIMIDACION Haciéndola asustar con miradas, acciones, gestos * aplastando cosas * destruyendo su propiedad * abusando mascotas * desplegando armas * invadiendo su zona de comodidad y usando su talla para hacerla ceder

USANDO ABUSO ECONOMICO
*Impidiéndole conseguir o mantener un trabajo * Haciéndola que pida dinero *Dándole una cuota *Tomando su dinero * No permitiéndole saber o tener acceso al ingreso de la familia. *No compartiendo su ingreso, y guardarlo para sus propias actividades.

USANDO ABUSO EMOCIONAL
* Poniéndola por debajo *Diciendo cosas descorteses *Haciéndola sentir mal acerca ella misma *Llamándola por nombres *Haciéndola pensar que está loca *jugando juegos mentales * humillándola *teniendo relaciones con otras mujeres en niveles de confianza son diseñados para ser de ella sola *usa culpa y vergüenza para motivarla a el

Poder y Control

USANDO PRIVILEGIO MASCULINO * Tratándola como un sirviente, no ayudando en la casa con organización o tareas diarias – "pensamiento de proveedor" *Tomando todas las grandes decisiones * Actuando como el "maestro del castillo" *Siendo el que define los roles del hombre y la mujer *Epiritualizando el abuso, y llamándolo "sumisión" *Dejándola intencionalmente embarazada.

USANDO LOS NINOS Haciendola sentir mal Por los niños * Usando los niños Para transmitir mensajes * Usando visitacion para acosarla * Amenazando con quitarle a los niños.

USANDO AISLAMIENTO
* Controlando lo que ella hace, con quien ella se ve y habla, que lee ella, donde va.
* Limitandola a envolvimiento afuera * Usando celos para justificar acciones.

MINIMIZANDO, NEGANDO Y CULPANDO
• Haciendo ligero el abuso, Y no tomando las preocupaciones de ella acerca de esto seriamente * Diciendo que el abuso nunca paso * Alternando la responsabilidad por el comportamiento abusivo * Diciendo que ella lo causó, o ella lo merecía.

ABUSO SEXUAL– **Despertándola por sexo;** estimulándola para que ella responda en contra de su voluntad* Usando su respuesta física para satisfacer su propia necesidad, sin respetar las emociones de ella *Tomando sin dar atención persistente o haciendo el amor *Cuando el sexo es la única forma de intimidad * Violar = sexo en contra de su voluntad *Representar pornografía *Aborto forzado *Prostitución * Fiesta sexual

© 2006 ATG/dcg

Padre – vincularse con el niño en el nivel de confianza profunda, *impartiendo habilidades de vida para un desarrollo independiente y confiable como adulto.*

Nota: *La responsabilidad de tomar la iniciativa para vincularse en una relación padre/niño cae sobre el padre. Es acción, nacida de amor y/o elección.*

La Rueda Saludable de Padres

OIDOR ACTIVO y NEGOCIACION
 *Hablando amablemente y con palabras que construyen la relación*Escuchando el punto de vista del niño sin inmediatamente corregirlo o criticarlo.

PROVEYENDO PARA VER LAS NECESIDADES SUPLIDAS
* Ayudando su niño a resolver conflictos internos, a través del descubrimiento
* Aceptando y haciendo cambios
* Estar dispuesto a ceder Terreno.
*No teniendo que estar en lo correcto O tener la última palabra a menos que sea un asunto de seguridad.

SIENDO UNA PERSONA SEGURA –
Comunicando con un toque seguro, en áreas seguras, sin invadir privacidad o zona de confort. No intimidando al niño, o amenazándolo, aún en silencio.

CREANDO UN LUGAR SEGURO --
Hablando y actuando de tal forma que el niño se sienta seguro y es cómodo en expresión.
. *Invitando, participando en actividades. *Siendo genuino en estar interesado en lo que el niño siente y tiene que decir.

RESPETO
* Escuchando al niño sin juzgarlo—
Guiando con preguntas *
*Siendo emocionalmente afirmativo y entendible
* Disciplinar por el desarrollo de La vida interna del niño ; no por frustración personal o vergüenza. *Estando disponible emocionalmente * Valorando opiniones, vistas y sentimientos. * No estando ofendido por desacuerdos, pero buscando enseñar para cambio.

ENTRENAMIENTO ECONOMICO
***Tomando** decisions de dinero, juntos, enseñando al niño a manejar dinero bien ganado, con el diezmo viniendo antes que las metas de compras. * Enseñando al niño a ser un dador, por modelo como ejemplo.
*Compartiendo y contribuyendo equitativamente las ganancias por el bien común.

Padre y/o Mentor Saludable

COMPARTIENDO RESPONSABILIDADES
Acordando y siguiendo a término una justa distribución de trabajo en la casa, enseñando al niño a trabajar por recompensas. Permitiendo al niño contribuir con decisiones familiares cuando sea possible.
* Enseñando al niño a ser trabajador y ayudador, no solo a recibir. * Siendo verdaderamente, espiritual, sirviendo en la casa y al Señor, modelando mutua sumisión.

SIENDO UN PADRE REPONSABLE
* Compartiendo respon-Sibilidades de padre equi-Tátivamnete * Siendo positivo, Animando, no con un modelo de rol violento, mentor para los niños
* Vinculándose con los niños.

SIENDO HONESTO Y EXPLICABLE
* Aceptando responsabilidad de sus propias acciones.
* Reconociendo su pasado de uso de Violencia y/o abuso.
*Admitiendo estar equivocado, pidiendo perdón, haciendo enmiendas. No repitiendo el abuso.
* Comunicándose abiertamente y verdaderamente.

CONFIANDO Y APOYANDO
* Animando al niño a descubrir sus dones , y a seguir las metas dadas por Dios En su vida. * Respetando sus sentimientos , amigos, actividades y opiniones
*Creyendo en sus sueños, y habilidades, y formando valores acerca de los planes del Padre para esos sueños.

ALUD SEXUAL –
Trayendo asuntos de identidad a la luz *Hablando e necesidades y aprendiendo juntos, sin demandas.
Respondiendo preguntas que el niño hace sin temor o asión, con honestidad apropiada para la edad.
Permitir al niño verlo a ud abrazando y expresando uidado. Estando dispuesto a hablar de emociones.

© 2006 ATG/dcg

Casarse – para confiar en otra persona con su vida a un nivel profundo, vincularse hasta el punto de crear una nueva identidad *compartida*.

La Rueda de un Matrimonio Saludable

ESCUCHAR ACTIVO y NEGOCIACION
 Hablar amablemente y con palabras que edifican la relación *Escuchar los puntos de vista de cada uno sin interrupción o juicio, o defensivo.
COMPAñERISMO para VER LAS NECESIDADES SUPLIDAS
 *Buscar respuestas mutuamente satisfactorias a conflictos y desacuerdos
 * Aceptando y haciendo cambios
 * Estar dispuesto a ceder terreno.
 *No teniendo que estar En lo "correcto" o Tener la última Palabra.

SER UNA PERSONA SEGURA – Preguntar antes de tocar, especialmente en áreas pre-dispuestas al dolor.
CREANDO UN LUGAR SEGURO -- Hablando y actuando de tal forma que ella se sienta seguray es cómodo expresarse a sí misma. *Invitando, sin expectativas, de su participación en actividades. *Estar genuinamente interesado en lo que ella siente o tiene que decir.

COMPANERISMO ECONOMICO
*Tomando desiciones de dinero juntos, viendo los puntos de vista de cada uno como vital importancia.
*Estar seguros de los beneficios de cada uno por arreglos financieros.
*Compartiendo equitativamente y contribuyendo con ganancias por el bien común.

RESPETANDOLA A ELLA
 * Escuchándola sin juicio
 *Siendo emocionalmente afirmante y comprensivo.
 *Estar emocionalmente disponible.
 * Valorando sus opiniones, vistas y sentimientos.
 *Permitiéndole a ella estar en desacuerdo con ud, sin llegar a ofenderse.

EQUIDAD en la RELACION

COMPARTIENDO RESPONSABILIDADES
* En acuerdo y completando una distribución justa del trabajo en la casa.
*Tomando decisiones de familia juntos como equipo.
* Definiendo roles juntos, y estando dispuestos para ayudarse mutuamente.
* Siendo verdaderamente espirituales, sirviendo en el hogar como al Señor, en sumisión mutua.

SIENDO UN PADRE RESPONSABLE
 *Compartiendo responsabiLidades de padres equitativamente
 * Siendo un positivo, animador, no-violento modelo y mentor de los niños.
 * Vinculándose con los niños.

SIENDO HONESTO Y EXPLICABLE
* Aceptando responsabilidad de Sus propias acciones.
* Reconociendo el uso de violencia y/o abuso en el pasado.
*Admitiendo estar equivocado, pidiendo perdón, haciendo enmiendas. No repitiendo El abuso.
* Comunicándose abierta y verdaderamente.

CONFIANDO Y APOYANDO
 * Animándola a ella a seguir sus metas en la vida.
 * Respetando su derecho de tener propios sentimientos, amigos, actividades y opiniones.
 *Creyendo en sus sueños Habilidades.

SALUD SEXUAL –
*Trayendo asuntos de identidad a la luz. *Hablando de necesidades y aprendiendo juntos, sin demandas.
*Dando mutuamente a cada uno, sin temor.
*Comunicación honesta acerca del disfrute.
* Más acerca de dar amor, que conseguir satisfacción.
*Más acerca de intimidad emocional que contacto del cuerpo, estimulación o gratificación.

© 2006 ATG/dcg

Sesión Diez – Tarea

1. Por favor continue leyendo su libro de lectura suplementario, y tome nota de sus descubrimientos, y preguntas.

2. Por favor complete las hojas de trabajo en las siguientes páginas. Mientras lo hace, tome notas de las promesas de Abba Padre que El ha hecho acerca de Su carácter que han hablado a su corazón. Hay áreas donde ud pudo tomar la determinación de escoger creer que El es seguro en su cuidado por ud? Mientras ud contempla estas cosas, anote sus descubrimientos.

3. Por favor lea Salmos 103 cada noche esta semana antes de irse a dormir. Antes que cierre sus ojos, pida al Espíritu Santo que le dé una conciencia más profunda del Dios que es descrito en este capítulo.

4. Por favor memorice Romanos 15:13:

    "Y el Dios de esperanza os llene de todo gozo y paz en el creer, *para que abundéis en esperanza por el poder del Espíritu Santo."* Romanos 15:13

Sesión Diez
Diario de Descubrimiento

Asignación #10
La Hoja de Balance del Perdón de Dios

Por favor vaya a Mateo 18:21-35. Lea la historia, y luego responda las preguntas siguientes.

a. verso 23Quién era responsable de poner en orden las cuentas?

___

b. verso 24-25El primer criado debía más de $10 millones en plata a su amo. Aún si el y su familia fueran separados y vendidos, el precio no estaría cerca de esa suma. (En términos terrenales, el hombre debía más de lo que valía su vida.)

c. verso 26Podía el criado pagar la deuda, en realidad?

___

d. verso 27   Cuáles fueron los pasos para el perdón, que el rey determinó? Listelos aquí.

   1.

   2.

   3.

e. verso 28   La deuda del segundo criado era el equivalente a un día de salario. Qué punto ciego tenía el primer criado?

_____

_____

Pudo ver el la relación entre la deuda que el segundo criado le debía a él, y su propia deuda que había sido perdonada?

_____

f. verso 29-30   Era el primer criado de corazón abierto hacia el hombre que le debía la deuda de un día de salario?

_____

   Fué él agradecido, realmente, de que su propia deuda fuera perdonada?

_____

   Qué diría ud?

_____

_____

Cómo habría mostrado su gratitud?

_____

_____

g. verso 31-25   Cómo el rey ve la injusticia del primer criado en sus tratos?

_____

_____

Cuál considera el rey haber sido una mejor representación de su propia acción y actitud hacia la deuda?

_____

_____

Cuál es el resultado final de la actitud de no perdón del primer criado?

_____

_____

h. En qué áreas de su vida ha experimentado tormento? Listelas aquí.

9. Copiar el verso 35 aquí.

10. Ahora, tome un momento y mire hacia atrás a las asignaciones que ha completado acerca de escribir recuerdos dolorosos y experiencias en su pasado.

De esa asignación, por favor utilice las próximas páginas y haga una lista de las heridas, que han estado hablando a su alma, y han estado "en su cara", acerca de dolor y asuntos de confianza. Por favor haga una lista de esas heridas en la columna de la mano izquierda. Por favor también nombre la persona que produjo la herida de la circunstancia dolorosa. Si la herida fué debido a una elección, que ud tomó, por favor póngase ud como la persona que causó la herida.

Heridas	**Asignación contraste**

Heridas	**Asignación contraste**

Heridas	Asignación contraste

11. Nuestro propio dolor tiende a cegarnos a las necesidades de otros. Y nuestro dolor está basado en nuestra percepción de la situación. Nuestras percepciones son las bases de nuestras reacciones y elecciones.

Es importante que nos demos cuenta que no estamos nunca solos. Eso, aún cuando nos pasan cosas que no fueron las mejores situaciones posibles.– cuando traemos ese dolor y dificultad a Dios Padre, El es capaz de traer lo bueno de esto. El es capaz de sanar. Para poder facilitar ese proceso – debemos dejar ir nuestras propias percepciones, y permitirle a El darnos una fresca comprensión y entendimiento.

Por favor mire las siguientes escrituras, y contraste las cualidades del carácter de Dios Padre en la columna de "Asignación Contraste", como ellas se relacionan con las heridas que ud ha listado.

Las Escrituras son:

I Corintios 13
Salmos 103
Salmos 91
Salmos 54:4-5
Salmos 18
Efesisos 2:1-10

··

12. Encuéntrese con un compañero de oración y camine a través de esas áreas de dolor y dificultad, confesando la actitud de su corazón, y cualquier lucha que ud tenga en dejar ir las injusticias de esas situaciones. Pídale a su mentor que la ayude a entender con cuales ataduras y dificultades debió haber estado luchando la persona que la hirió, y pídale al Señor que le de compasión por ellos. Este es el primer paso en aprender a perdonar.

Por favor utilice estas páginas de notas mientras escucha la lectura grabada para la Sesión Once.

Sesión Once
Evaluando el Desarrollo Emocional

1. ⬜ 2. 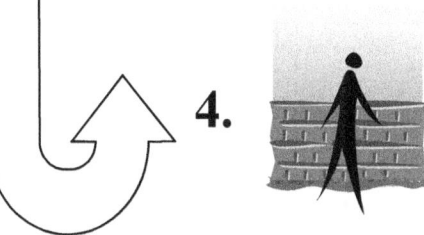 3. ⤴ 4. 🧍

1. _____
2. _____
3. _____
4. _____

Etapas del Desarrollo

Notas

Etapas de la Rendición

Notas

© 2005, dcg/atg

Etapas del Desarrollo Moral/Emocional según Lewis Kohlberg

Etapas de Desarrollo	Etapa de Descubrimiento	Práctica Actual
Nivel uno—Pre-Moral		
	Etapa uno – Obediencia y Orientación al Castigo	Deferencia Automática a un poder más alto o autoridad. Evita problemas. Responsabilidad Objetiva.
	Etapa dos – Ingenuo y Orientación egocéntrica.	Acción correcta es la acción que satisface las necesidades de uno/ ocasionalmente las de los otros. Valores son relativos a la necesidad y perspectiva de cada persona. Esfuerzos ingenuos de intercambio y reciprocidad.
Nivel dos – Rol Conformidad		
(Valores morales residen en desmpeñar el rol correcto, manteniendo el orden convencional, y expectativas de otros como un valor en su propio derecho.)	Etapa tres— Orientación a Niño Bueno/ Niña Buena.	Persona es orientada a necesitar aprobación, para complacer a otros. Conformidad es estereotipada a la mayoría y natural del rol de comportamiento, centrado en la imagen. Acciones son evaluadas sobre la base de las intenciones.
	Etapa cuatro – Autoridad y Orden Social- Orientación a la Conservación.	Persona es orientada a la vida de acuerdo a "haciendo deber" y a respetar la autoridad, manteniendo el orden social por su propio bien. Aprende a apreciar expectativas ganadas de otros. Diferencia acciones fuera de un sentido de obligación para regir acciones generalmente "agradables" o motivos naturales.

Nivel tres – Auto-Aceptación Principios Morales		
(Moralidad es definida en términos de conformidad para standards compartidos, derechos, o deberes aparte de apoyar la autoridad. Los standards conformados son internos, y las acciones son basadas en un proceso interno de pensamiento y juicio respecto a lo correcto y equivocado.)	Etapa cinco – Contractual – Orientación legalista	Normas de lo correcto y equivocado son definidos en términos de leyes o reglas institucionalizadas. Cuando un conflicto aflora entre las necesidades del individuo y la ley o contrato, aún comprendiendo al formador, la persona cree que el último debe prevalecer porque es más grande la racionalidad operativa para la sociedad, y para el bienestar de la mayoría.
	Etapa seis – La moralidad de los principios individuales de conciencia.	La orientación de la vida no es solo hacia las reglas de la sociedad existentes, pero también hacia la conciencia como un agente directo, mutua confianza y respeto, y principios de elección moral, involucrando consistencias lógicas. Acción es controlada por ideales interiorizados que ejercen una presión para actuar de acuerdo, independientemente de las reacciones de otros en el ambiente inmediato. Si uno actúa de otra manera, resulta en auto - condenación y culpa.

Los Principios del Cambio

1. Siempre hay esperanza para cambio.

2. Nosotros no podemos cambiar lo que no reconocemos.

3. El primer ingrediente para el proceso de cambio es la Verdad (en amor) en un corazón abierto.

4. Nosotros no podemos cambiar a otros. Solo podemos cambiarnos a nosotros mismos.

5. Arrepentimiento es el único catalizador (lugar de comienzo) para que el cambio ocurra.

6. Nuestro quebrantamiento interno es el lugar de comienzo para el arrepentimiento, y por lo tanto para el Cambio.

7. Los cambios que buscamos hacer en nosotros sin la ayuda del Espíritu Santo, nunca serán permanentes, porque están basados en nuestro propio trabajo y esfuerzo.

8. No podemos esperar que Dios de gracia o sanidad, cuando no estamos dispuestos a arrepentirnos.

9. Crecimiento no puede pasar sin cambio.

10. Cambio involucrará dos movimientos hacia adelante y hacia atrás, siempre con nuestros ojos puestos en la meta de llegar a ser como Cristo.

11. La Entrada al Proceso de Cambio está guardada desde adentro, por la persona que debe abrir la puerta desde adentro. No puede ser forzada a abrirse.

12. El Cambio debe ser escogido, algunas veces con luchas.

13. Cambio viene como resultado de Entrenamiento, no como resultado de tratar simplemente, usando las mismas herramientas que hemos usado en el pasado.

14. Cambio es un proceso. Este toma tiempo. Lo que toma años para derribar tomará una estación de duro trabajo para redimir, reparar y restaurar.

15. Esto toma mantenimiento intencional para que el cambio permanezca.

©2005, dcg/atg

Sesión Once – Tarea

1. Por favor continue leyendo su libro de lectura suplementario, y tome notas de sus descubrimientos, y preguntas.

2. Por favor complete las hojas de trabajo de las siguientes páginas. Mientras ud las complete, tome notas de las promesas que Abba Padre ha hecho acerca de Su carácter que habla a su corazón.? Hay áreas donde ud podría tomar la determinación de escoger creer que El es seguro en Su cuidado por ud ? Mientras ud contempla estas cosas, escriba sus descubrimientos.

3. Por favor lea Salmos 91 cada noche esta semana antes de ir a dormir. Antes de cerrar sus ojos, pida al Espíritu Santo que le dé una apreciación más profunda del Dios que es descrito en este capítulo.

4. Por favor memorice Colosenses 3:12-17

Vestíos, pues, como escogidos de Dios, santos y amados, de entrañable misericordia, de benignidad, de humildad, de mansedumbre, de paciencia; soportándoos unos a otros si alguno tuviera queja contra otro. De la manera que Cristo os perdonó, así también hacedlo vosotros. Y sobre todas estas cosas vestíos de amor, que es el vínculo perfecto. Y la paz de Dios gobierne en vuestro corazones, a la que asi mismo fuisteis llamados en un solo cuerpo; y sed agradecidos. La palabra de Cristo more en abundancia en vosotros, enseñándoos y exhortándoos unos a otros en toda sabiduría, cantando con gracia en vuestros corazones al Señor con salmos e himnos y cánticos espirituales. Y todo lo que hacéis, sea de palabra o de hecho, hacedlo todo en el nombre del Señor Jesús, dando gracias al Dios Padre por medio de él.

Sesión Once
Diario de Descubrimiento
Asignación #11
Poder Restaurador

1. En cada situación en donde ocurren heridas, Satanás ha estado en el trabajo de robar, matar y destruir. Es importante cuando estamos buscando sanidad y restauración, que recordemos que no solo fuimos heridos en la situación que ocurrió, pero muchas veces, la persona que hizo la herida fué también tomada más en una atadura o circunstancia dolorosa.

Para poder recibir sanidad, es necesario que comprendamos que esa herida es la herramienta de Satanás para hacernos ineficaces y detenernos de realizar nuestro destino.

Para crecer, debemos escoger salir a nuevas áreas de confianza y relación con Jesús. Aunque la confianza pudo haber sido rota con otras figuras de autoridad, SIEMPRE PODEMOS CONFIAR EN EL!!

Mire Lucas 23:33-34. Qué lección podemos aprender acerca del perdón en la declaración de Jesús?

_____

_____

_____

Ahora mire Gálatas 2:20. Cómo lo que esto dice se relaciona con este asunto.?

_____

_____

_____

_____

14. Hay obstáculos en nuestra habilidad para perdonar. Ellos pueden ser categorizados en cuatro secciones.

    a. Juicios y evaluaciones que hemos hecho de otros.

    b. Sentimos que tenemos el derecho de llegar a ser la autoridad final en nuestras propias vidas.

    c. Memorias y percepciones que tenemos acerca de nuestras propias vidas, y /o nuestro propio dolor.

    d. Dolor.

En otra hoja, por favor tome la lista que hizo de las heridas, y categorice cada una de acuerdo a las cuatro categorías listadas arriba.

15. Mire las siguientes escrituras, y enseguida de cada una, escriba como esa escritura le habla en relación con el perdón.

Salmos 86:5

Lucas 17:3-4

Marcos 11:24-26

Santiago 5:15-16

Isaías 43:25

Isaías 55:6-8

Jeremías 31:34

Reúnase con una compañera de oración, y tomen comunión juntas. Arrepiéntase por la amargura y dureza de corazón en cualquiera de éstas áreas, y suelte en las manos del Padre el derecho de retener el rancor.

Por favor utilice estas páginas de notas mientras escucha la lectura grabada de la Sesión Doce.

Sesión Doce – Formación de la Identidad

(Para un studio más profundo de este tema, por favor vea "Elementos de la Formación de la Identidad" por Debbye Graafsma (disponible en lulu.com o amazon.com)

Principios del Cumplimiento del Destino

" Examíname, oh Dios, y conoce mi corazón; pruébame y conoce mis pensamientos; Y vé si hay en mí camino de perversidad, y guíame en el camino eterno."
Salmos 139:23-24

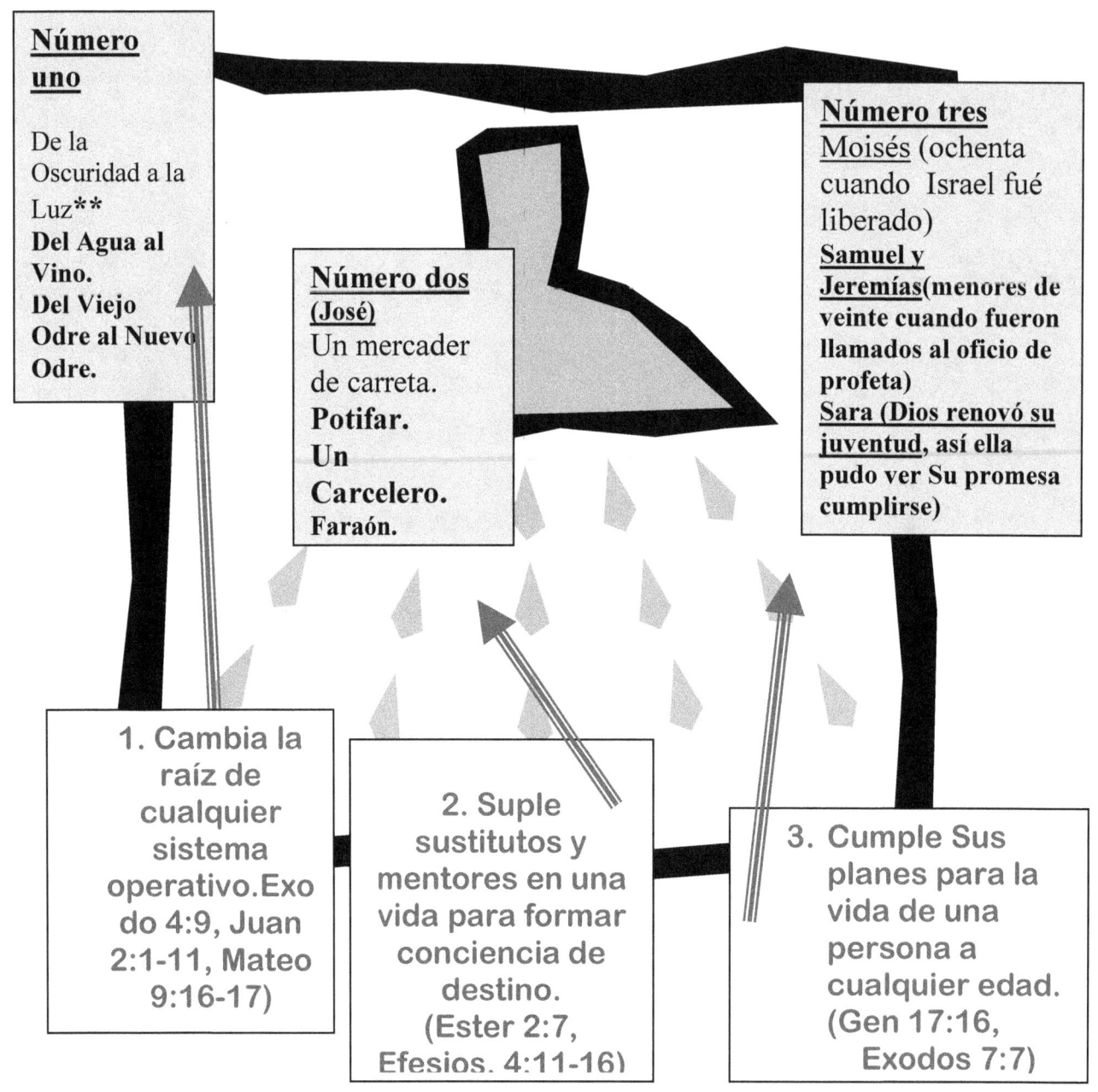

Número uno

De la Oscuridad a la Luz**
Del Agua al Vino.
Del Viejo Odre al Nuevo Odre.

Número dos
(José)
Un mercader de carreta.
Potifar.
Un Carcelero.
Faraón.

Número tres
Moisés (ochenta cuando Israel fué liberado)
Samuel y Jeremías (menores de veinte cuando fueron llamados al oficio de profeta)
Sara (Dios renovó su juventud, así ella pudo ver Su promesa cumplirse)

1. Cambia la raíz de cualquier sistema operativo. Exodo 4:9, Juan 2:1-11, Mateo 9:16-17)

2. Suple sustitutos y mentores en una vida para formar conciencia de destino. (Ester 2:7, Efesios. 4:11-16)

3. Cumple Sus planes para la vida de una persona a cualquier edad. (Gen 17:16, Exodos 7:7)

Etapas del Centro del Desarrollo de la Identidad

"Porque yo sé los pensamientos que tengo acerca de vosotros, dice Jehová, pensamientos de paz, y no de mal, para daros el fin que esperáis."
Jeremías 29:11

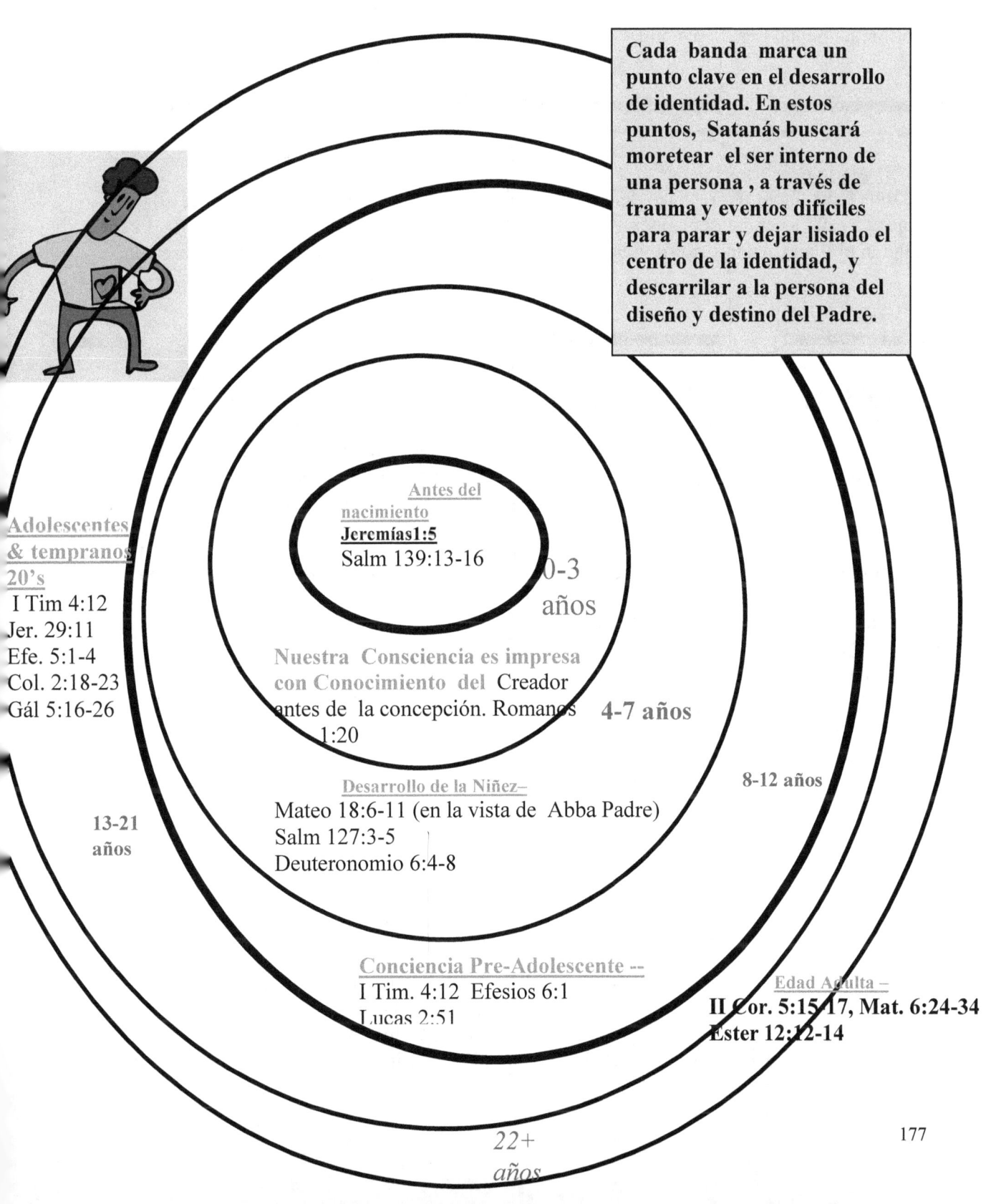

Cada banda marca un punto clave en el desarrollo de identidad. En estos puntos, Satanás buscará moretear el ser interno de una persona, a través de trauma y eventos difíciles para parar y dejar lisiado el centro de la identidad, y descarrilar a la persona del diseño y destino del Padre.

Antes del nacimiento
Jeremías 1:5
Salm 139:13-16

0-3 años

Nuestra Consciencia es impresa con Conocimiento del Creador antes de la concepción. Romanos 1:20

4-7 años

Desarrollo de la Niñez –
Mateo 18:6-11 (en la vista de Abba Padre)
Salm 127:3-5
Deuteronomio 6:4-8

8-12 años

Adolescentes & tempranos 20's
I Tim 4:12
Jer. 29:11
Efe. 5:1-4
Col. 2:18-23
Gál 5:16-26

13-21 años

Conciencia Pre-Adolescente --
I Tim. 4:12 Efesios 6:1
Lucas 2:51

Edad Adulta –
II Cor. 5:15-17, Mat. 6:24-34
Ester 12:12-14

22+ años

Las Capas de la Conformidad

(Donde estoy viviendo actualmente)
Ataduras de la Conformidad

CAPA UNO
La persona tiene una falta de identidad en la formación interna. Modelo pobre, o no mentoría. Conformidad mental por aceptación.

CAPA DOS
La persona tiene temor del rechazo del hombre, y empieza a establecer percepciones y actitudes que alteran el Plan Creado para su vida.

CAPA TRES – CONTROL y TEMOR
La persona trata de conformarse a Códigos de piedad hacia afuera. Este código de comportamiento está enfocado interiormente.

CAPA CUATRO – ESPIRITU de RELIGIOSIDAD
La persona busca crear un ambiente de acuerdo al código de piedad percibido. Este código de comportamiento llega a ser más y más hacia afuera eimplementándo__ en la vida de otros.

CAPA CINCO—MASCARAS DE ESPIRITUALIDAD
La persona llega a ser atrincherada en un ciclo de desempeño. Tradiciones litúrgicas. Respuestas a la rutina. No activación del corazón. "Frío",

"Desierto," "esto es para otros, no para mí."
Romanos 14:17

(La puerta de salida correspondiente)
El Poder de la Transformación

"Dios Padre, Tu me creaste. Jesús, Tu eres mi destino, eres la fuente de Mi identidad, y Espíritu Santo, muéstrame quien soy yo.

realmente en tí." Deseo ___ todo en mí sea nacido del Espíritu.

"Padre, déjame sentir y entender tu aprobación y bendición en mi vida. Es mi meta de vida caminar en tu Presencia."
Mateo 6:5-8
Gál. 1:10

"Padre, muéstrame tu diseño para mi vida. Yo renuncio al derecho de gobernar mi propia vida. Yo escojo permitirte a ti desmantelar mis barreras. Yo recibo tu amor por mí."
Mat 16:24-26 / Rom. 8:15-16

"Padre, Yo me arrepiento por las actitudes y acciones que he acomodado. Yo renuncio espíritu de religiosidad, y su control, manipulación y orgullo. Yo escojo ser una vasija transparente." 23:24-28/18:1-10

Arrepentimiento. Admisión de la necesidad de relaciones. Descartando suposición de haberlo escuchado todo antes; llegando a ser enseñable. Disposición de alejarse de los patrones viejos.
El Espíritu Santo activa el corazón. Rom 5:5

La Diferencia entre Conformidad y Transformación

"Así que, hermanos, os ruego por las misericordias de Dios, que presentéis vue sentéis vuestros cuerpos como sacrificio vivo, santo, agradable a Dios, que es vuestro ulto racional. No os conforméis a este siglo, sino transformaos por medio de la renovación de vuestro entendimiento, para que comprobéis cual sea la voluntad de Dios, agradable y perfecta." Rom. 12:1-2

Conformidad (Mental –C.I.) :24:24-28 11:3-4	Transformación (Enfoque del Corazón (C.E.) Romanos 8:12-18 II Corintios 4:1-6
Acomodarse al molde	Formación de la identidad interna
Expresiones externas para ganar aceptación	Entendimiento interno y relación traen expresiones externas.
No sentimiento profundo, o sentido de vida Interna fluyendo	Gozo interno y sentido de contentamiento
Actitudes internas de criticismo, sentencia	Libertad interna, y dar personal cuenta, Vulnerabilidad interna
Intimidación forzar orden	Espíritu Santo orden conducido
Orientado a Reglas y Tareas	Orientado a Relación
Motivado al temor	Motivación al amor y obediencia
Habla de Dios	Retrata la vida de Jesús, "solo brilla"
Continuamente se compara con otros	Sentido de destino personal
Nunca suficientemente bueno, batalla continuamente con condenación	Sentido de aprobación y bendición de Dios Padre, aún siendo imperfecto
Tenso para expresar corazón en adoración	Libre y Expontáneo en adoración
Invita a la religiosidad, sospecha y control en la vida	El Espíritu Santo guarda el corazón de los atentados del infierno para sofocar el poder
Llega a ser resistente a los patrones frescos del Espíritu Santo en la vida del creyente	El Epíritu Santo en la vida del creyente

© 2005, atg/dcg.

La Diferencia entre Conformidad y Transformación, continuada

Conformidad
(Enfoque Mental –C. I.)

Base de Operación de la actitud

"Todo el mundo es igual– todos debemos tener las mismas afinidades, o copia. Yo debo hacer juego con otros."

La persona tiene dificultad en conseguir un manejo interno de un propósito profundo o dirección para su vida.

Conformidad causa un "estiramiento después," en que la persona llega a ser más grande en el sentido que ellos cubren más area, pero no hay profundidad interna de cociente emocional, o habilidad de relacionarse más allá de asuntos superficiales. Tendencia de defender el pasado y divide en compartimientos el dolor.

Transformación
(Enfoque del Corazón (CE)

Base de Operación de la actitud

"Cada persona es preciosa y única; cada una con un destino y diseño irremplazable."

La persona camina con un propósito interno, dando pasos de obediencia hacia un propósito revelado/intuitivo y dirección.

Transformación trae un "alcance hacia arriba y hacia adelante," en que la persona llega a ser más y más consciente de la Presencia de Jesús diariamente. Hay cada vez más una profundidad en adorar y vulnerabilidad en la vida. El dolor es traído a la luz, y libertad es el catalizador para más desarrollo.

Mas Notas:

Awakened to Grow Ministries
Awakenedtogrow.com
704-562-2897